뇌과학자
아빠의 기막힌
넛지육아

16 MANNIN NO NOU GAZO WO MITEKITA NOU IGAKUSHA GA OSHIERU
'KASHIKOI KO'NI SODATERU KYUKYOKU NO KOTSU
Copyright © 2016 Yasuyuki Taki
All rights reserved.
Original Japanese edition published in 2016 by BUNKYOSHA, Tokyo.
Korean translation rights arranged with BUNKYOSHA, Tokyo
through PLS Agency, Seoul.
Korean translation edition © 2016 by Interpark Coporation(RED STONE), Seoul.

이 책의 한국어판 저작권은 저작권사와의 독점 계약으로 (주)인터파크(레드스톤)에 있습니다.
신저작권법에 의해 한국어판의 저작권 보호를 받는 서적이므로 무단 전재와 복제를 금합니다.

어린 뇌를 열어주는 부드러운 개입

뇌과학자 아빠의 기막힌 넛지육아

다키 야스유키 지음 | 박선영 옮김

레드스톤

*일러두기
본문에서 아이들의 발달 정도나 시기 등으로 언급되는 나이는 모두 만 나이 기준이다.

차례

1장 '좋아하는 일'을 하면 머리가 좋아진다!
뇌를 키우는 육아법

● **명문대 학생이라면 누구나 본 '그 책'** • 21

꾸준히 성장하는 아이 vs 반짝 하고 마는 아이 | 부모의 작은 관심이 큰 변화를 만든다 | 호기심이 아이의 성적을 올린다 | 도감이 키우는 뇌의 '이런 능력, 저런 기능' | 스스로 성장하는 아이들의 공통점

● **아이의 '잠재력'은 다섯 살까지 결정된다?** • 31

호기심을 최대한 끌어올리는 도감 입문 시기 | 뇌 성장의 '골든타임' | 호기심은 빠르면 빠를수록 좋다

● **호기심이 현명한 아이를 만든다** • 37

성적이 좋은 아이의 뇌 vs 현명한 아이의 뇌 | 즐기며 성장하는 아이의 조건 | 호기심은 뇌의 가장 좋은 영양소

● **육아 방식에 따라 '뇌 구조'가 바뀐다** • 41

뇌의 평생 건강 지키기 | 치매에 걸리지 않는 뇌 만들기

2장 현명한 아이로 키우는 세 개의 비밀 도구

비밀 도구 하나 | 도감

● 어릴 적 선물은 '도감'이 최고 • 49

아이가 도감을 좋아하게 만드는 법 | 학교도 공부도 좋아하는 아이 | 문자에 대한 흥미도 쑥쑥 | "왜? 어째서?" 시기의 특효약 | 남자아이도, 여자아이도! 이과 능력을 키우는 요령 | 언제 사서 어떻게 읽는가?

● 도감에 무관심한 아이라면 • 60

다섯 살이 넘는 아이도 푹 빠진다! | 부모의 한마디로 효과 200퍼센트

비밀 도구 둘 | 잠자리채

● 진짜를 만나라! • 65

'우리 아이만의 비밀 도구'를 찾아라 | 알고 싶은 마음이 자란다 | 일상이 배움터가 된다 | 부모와의 즐거운 추억이 아이를 자라게 한다 | 게으른 부모가 아이의 의욕을 높인다!

비밀 도구 셋 | 악기

● 생애 첫 학습은 반드시 '음악' • 74

재능을 꽃피우는 연령별 학습 | 음악이 영어 실력을 키운다? | 그러므로 음악은 어릴 때 시작해야 한다! | 음악에 대한 흥미를 높이는 법

● 자연스레 성적이 오르는 비밀 • 80

특기 하나가 나머지 단점을 보완한다 | 노력하는 요령 | 애쓰지 않고 성장하는 아이

3장 재능과 감각은 '시작하는 시기'로 결정된다

- 출발 시기가 결정하는 재능과 감각 • 89

0세~ | 도감·그림책·음악
- 감각과 감성은 눈과 귀로 자란다 • 90
판단하는 눈, 날카로운 귀 | 나이별 뇌 성장 지도

3~5세 | 악기·운동
- 음악과 운동 재능이 꽃피는 시기 • 94
아이의 손재주는 부모가 만든다 | 명문대생은 누구나 피아노를 배웠다! | 노력은 타고난 재능을 뛰어 넘는다 | 절대 음감, 상대 음감 기르기

8~10세 | 어학
- '영어 교육은 빠를수록 좋다?' • 98
영어 학습, 8~10세가 최선 | 0세 영어 교육, 아이를 위해서? 부모를 위해서?

10세~사춘기 | 사회성·커뮤니케이션 능력
- 누구와 만나, 어떻게 지내는가 • 101
아기들은 같이 놀지 않는다?! | 사회가 요구하는 커뮤니케이션 능력

- 성장기 뇌 관찰 보고서 • 105
뇌 성장의 터닝 포인트 | 왜 재능의 종류에 따라 습득 시기가 달라질까? | 뇌의 발달과 '좋고 싫음'

4장 몸도 마음도 뇌도!
평생 건강을 만드는 '부모의 역할'

● **성장기 아이에게 부모가 줄 수 있는 최고의 선물** • 119
'현명한 아이'를 키우는 부모의 역할 | 영원히 성장하는 뇌 | 중도 포기한 배움도 아이의 재산

● **외동아이 vs 형제자매** • 124
외동아이의 호기심 키우기 | 형제자매의 호기심 키우기

● **아이는 부모를 뛰어넘을 수 있을까?** • 126
'꿈을 이루는 아이'의 공통점 | 최후의 승자는 '자신감 있는 아이' | 뇌와 유전 | 부모의 경제력이 아이의 학력을 결정한다? | 유전 vs 환경

● **이 아이와 저 아이를 비교하기 전에** • 134
형제자매 간의 능력차 | 성장 속도와 명석한 두뇌는 관계없다! | 남자와 여자, 뇌가 '다르게 생겼다'

5장 뇌를 쑥쑥 키우는 생활 습관

- **해마가 건강하게 자라는 생활 방식** • 145

- **잠이 부족하면 뇌가 쪼그라든다!** • 147
  수면 부족이 뇌 성장을 방해한다 | 밤에 잠들지 못하는 아이를 위한 낮잠 기술 | 잠들기 전 책 읽는 습관이 뇌를 살찌운다!

- **뇌가 지식을 흡수하는 공부법** • 156
  우등생의 공부법 | 효율성 120퍼센트 복습법 | 성적 향상의 키워드

- **아이의 아침 식사, 빵 vs 밥** • 159
  아침밥만 바꾸어도 IQ가 올라간다? | 아침밥은 절대 거르면 안 된다 | 뇌가 좋아하는 아침 메뉴 | 가장 간단한 저 GI 식품 구별법

- **운동도 잘하고 공부도 잘하는 아이** • 165
  운동하면 똑똑해지는 이유? | '스스로 성장하는 뇌의 힘'을 기르자 | 잘하는 아이와 못하는 아이를 나누는 '요령'

- **게임과 스마트폰을 그만두게 하는 법** • 169
  게임은 성장의 통과의례? | 끈질긴 '게임병' 격퇴법

- **아이를 빛나게 하는 부모의 한마디** • 173
  칭찬은 뇌도 춤추게 한다 | 해마를 위축시키는 스트레스 | 올바른 생활 습관으로 현명한 아이 키우기

시작하며
스스로 성장하는 아이

따로 가르치지 않아도 스스로 배우고 깨우치며 성장하는 아이들이 있다.

이런 아이들은 대개 공부도 잘하고 현명하며 창의력도 풍부하다.

성격도 순수해서 자기 꿈을 이루기 위해 착실히 노력하고 늘 친구들에 둘러싸여 매일 재미있고 즐겁게 생활한다.

학교를 졸업한 뒤에는 사회로 나가 자신이 원하는 분야에서 활약하며 성공적인 삶을 살아간다.

부모라면 누구나 원하는 내 아이의 모습이다.

어떻게 하면 이런 아이로 키울 수 있을까?

최신 뇌 의학 연구는 이들처럼 '스스로 성장하는 아이'의 조건을 밝혀내고 있다. 뇌 전문가인 내가 육아에 대한 책을 써야겠다고 결심한 이유다.

현재 내가 소속된 도호쿠 대학교의 가령(加齡)의학 연구소는 일본 내에서 유일하게 대량의 자기공명영상(MRI) 자료를 보유하고 있다. MRI는 자기(磁氣)를 이용해 인간의 뇌 속을 3차원으로 촬영하고 분석하는 장치다. 다섯 살 꼬마부터 여든 살이 넘는 고령자까지, 그동안 축적된 자료는 자그마치 16만 건에 달한다. 특히 어린이의 MRI 자료는 상당히 귀중해서 세계적으로 이만큼 충실한 데이터를 보유하고 있는 기관은 없을 정도다.

연구자들은 이러한 빅 데이터를 분석해서 어떤 생활 습관을 가진 사람이 무슨 질병에 노출되기 쉬운지, 어떤 사람이 치매에 걸리기 어려운지를 밝히려고 애쓰는 중이다.

그리고 최근 연구에서 새로운 사실이 밝혀졌다.

바로 어떻게 자란 아이가 현명해지는가?라는 질문에 답할 수 있게 되었다.

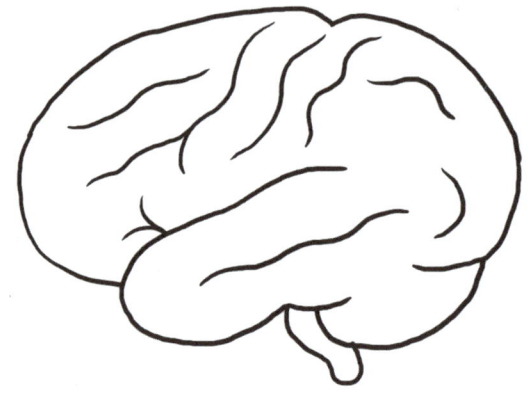

★ 16만 건이 넘는 뇌 MRI 분석 결과

- 현명한 아이로 키우는 법
- 뇌가 성장하는 구조와 재능을 꽃피우는 법
- 효과적인 부모의 역할
- 지식을 쑥쑥 흡수하는 학습법
- 건강하고 활기찬 생활 습관 등

이 밝혀졌다!!

뇌 영상은 우리에게 많은 것을 알려 준다!

아이의 뇌 영상은 물론이고 성적, 지능 지수, 유전, 환경, 생활 습관에 관한 모든 데이터를 장기간에 걸쳐 수집하고 분석한 결과 **현명하고 똑똑한 뇌의 특징**을 알 수 있게 되었다.

이 책을 통해 전달하고 싶은 것은 몇몇 자료나 개별 연구자의 추론이 낳은 결과가 아니다. **방대한 뇌 영상 자료가 우리에게 알려준 '현명한 아이 키우기'의 핵심 포인트**다.

아이들은 몇 살이 되어도 부모가 어떻게 노력하느냐에 따라 현명하게 자랄 수 있다. 뇌 연구자로서, 한 아이의 아버지로서 그 방법을 세상의 부모님들에게 꼭 전하고 싶다.

우리 집에도 다섯 살 된 아들 녀석이 하나 있다. 아이가 놀랄 만큼 빠르게 성장하는 모습을 지켜보면서 모든 아이들에게 잠재된 '엄청난 재능'을 매일같이 느꼈다. 뇌 연구 결과와 대조하면서 새삼 실감하는 일도 많았다.

반대로 실제로 아이를 키워보니 아이 키우기의 어려움도 절실히 느꼈다. 누구나 그렇듯 무엇이 아이에게 좋은지 잘 알지만, 바쁘고 피곤해서 혹은 아이가 말을 듣지 않아 마음먹은 대로 잘 되지 않았다. 이 책에서는 개인적으로 터득한 육아 요령도 함께 소개하고자 한다. 자녀를 대할 때 조금이나마 도움이 되기 바란다.

● '현명한 아이'로 키우는 최고의 비결

아이를 현명하게 키우는 비결은 한마디로 '호기심'이다.

아이들은 누구나 호기심을 가지고 태어난다. 그러나 안타깝게도 **아이의 타고난 호기심을 제대로 키워주지 못하는 부모들이 적지 않다.**

호기심을 키우려면 요령이 필요하다. 그 요령만 잘 익히면 아이는 부모가 상상하는 이상으로 훌륭하게 성장할 수 있다.

이 책에서는 아이의 호기심을 자극하고 뇌를 성장시키는 요령을 다음 세 가지로 요약한다.

- 세 가지 비밀 도구로 호기심 키우기
- 아이의 뇌 성장에 맞춘 부모의 역할 다하기
- 건강한 뇌를 만드는 생활 습관 만들기

또 뇌 연구를 통해 밝혀진 '효과적인 암기 과목 학습법'과 '뇌 성장과 유전의 관계'도 살펴보겠다. 뇌의 특성과 유전의 영향을 정확히 이해하면 입시 전략과 성공적인 미래를 위한 로드맵이 저절로 달라진다. 뇌에 대한 이해를 통해 우리 아이의 앞날을 좀 더 밝게 비추어 줄 수 있는 것이다.

🌸 성적이 저절로 오르는 육아법

자신의 아이가 매일 즐겁게 생활하면서 꿈을 이룰 수 있다면 부모는 더 바랄 것이 없다.

요즘 같은 각박한 현실 속에서 자아실현이나 꿈을 이루기는 어렵다고들 하지만 절대 그렇지 않다. 이 책을 통해 실감할 수 있기를 바란다.

성적은 본질이 아니다. 성적만 쫓다보면 결국 한계에 부딪힌다. '알고 싶다.' '배우고 싶다.'는 마음이 전혀 없는 아이에게 공부하라고 강요해 봐야 아이도 부모도 괴로울 뿐이다.

성적이 좋고 학벌이 뛰어나면 현실적으로 인생에서 선택할 수 있는 폭이 넓어진다. 하고 싶은 일을 하고 원하는 회사에 취직할 수 있는 가능성도 높아진다. 그러나 학력은 어디까지나 꿈을 이루기 위한 수단이다. 수단과 목적을 혼동하지 말자. 호기심이 있다면 성적은 자

연히 따라서 올라간다.

 최신 뇌 연구에서는 **어린 시절의 호기심이 평생의 '뇌 건강'을 지켜준다**는 사실이 밝혀지고 있다. 호기심은 학업 성적이나 업무 능력뿐 아니라 장래 '뇌의 노화 속도'나 '치매 취약 정도'의 차이에까지 영향을 미친다.

 이 책은 개인의 경험과 주관이 아니라, 뇌 의학의 최신 연구 성과와 방대한 자료를 근거로 작성되었다. 이 글을 읽고 세상의 많은 부모들이 어깨의 짐을 조금이나마 내려놓을 수 있다면 뇌 의학자로서, 또 한 아이의 아버지로서 더할 나위 없이 감사하겠다.

도호쿠 대학교 가령의학연구소 교수

다키 야스유키

명문대 학생이라면
누구나 본 '그 책'

🌸 꾸준히 성장하는 아이 vs 반짝 하고 마는 아이

 같은 시간을 공부해도 성적이 쑥쑥 오르는 아이와 늘 제자리걸음인 아이가 있다.

 상급 학교로 진학해서도 상위권을 유지하는 아이와 초등학교 때까지는 곧잘 하더니 중학교에 들어가면서부터 성적이 뚝뚝 떨어지는 아이가 있다.

 저학년 때는 성적이 신통치 않았는데 고학년이 되더니 치고 올라오는 아이가 있는가 하면 옛날 성적 그대로인 아이도 있다.

 이런 차이는 무엇 때문에 생기는 걸까? 늘 그 이유가 궁금했던 나는 대학에 들어가서 친구들을 대상으로 나름대로 '리서치'를 시작했다.

"어릴 때 주로 뭐 하면서 놀았어?"
"어떤 놀이가 제일 재미있었어?"

그들의 대답에서 한 가지 공통분모가 떠올랐다. 어릴 적부터 도감을 좋아했고 자주 보았다는 사실이다.

그들이 보던 도감의 내용은 다양했다. 꽃, 나무, 새, 곤충, 자동차, 우주처럼 주제는 제각각이었지만 다들 글자를 깨우치기도 전부터 집에 도감이 있었다고 말했다.

그럼 아이의 성적을 향상시키기 위해 도감만 사 놓으면 될까?
그렇지는 않다. 마찬가지로 도감을 보았어도 성적이 그다지 뛰어나지 않은 아이들도 있기 때문이다.

● 부모의 작은 관심이 큰 변화를 만든다

왜 똑같이 도감을 보았는데 성적이 오르는 아이와 그렇지 못한 아이로 나뉠까? 그에 대한 해답은 본격적으로 뇌 연구를 시작하면서 얻게 되었다.

대기업이 운영하는 교육 기관에서 준교수로 일한 적이 있다. 그곳에는 학생들 성적을 끌어올리기로 유명한 '스타 선생님'들이 여럿 계셨다. 그분들에게 학창 시절부터 품었던 질문을 쏟아냈다.

"어째서 같은 시간, 같은 방법으로 공부하는데 어떤 아이는 성적이 오르고 다른 아이는 그러지 못할까요?"

"초등학교 때까지는 성적이 좋던 아이가 중학교에 올라가서 떨어지는 경우가 많은데 무슨 이유인가요?"

교육 현장에서 실시간으로 아이들을 지켜보는 그들은 이구동성으로 '부모의 역할'을 꼽았다. 성적이 좋은 아이의 부모는 절대 '공부하라'고 잔소리하지 않는다고 했다. 아이를 다그치는 것이 아니라 **부모는 단지 아이의 호기심을 키우는 역할을 충실히 수행한다**는 것이다.

그런 부모는 아이가 도감에서 본 '가상 지식'과 '실제 체험'을 서로 연결할 수 있도록 도와준다.

만일 아이가 도감에서 본 전철에 흥미를 느끼면 함께 역까지 가서

성장하는 아이와 성장하지 못하는 아이의 차이는? 바로 도감에 있다!

직접 실물을 볼 수 있게 해 준다. 공원을 산책하다 낯선 꽃을 발견하면 집으로 돌아와 아이와 함께 도감을 찾아본다.

이런 일상을 통해 아이의 머릿속에서는 '가상 지식'과 '실제 체험'이 연결된다. 그때마다 아이는 '앎'에 대한 순수한 기쁨과 즐거움을 느낄 수 있다. 이러한 감동적인 경험은 다시 강한 자극이 되어 아이의 뇌를 성장시킨다.

우리 아들은 지금 **'아는 일'이 재미있어 어쩔 줄 모르는 듯하다.** 도감에서 얻은 지식을 생활 속에서 끊임없이 체험하면서 그 아이 안의 '세계'는 하루하루 더 풍요롭고 넓어지는 것이다.

지금부터 1만 년 전의 지구에는 어떤 생물이 살았을까?

식물은 어떻게 씨앗을 만들까?

어른이라면 힘들게 외워야 할 지식을 아이는 스펀지처럼 그대로 흡수한다. 이 놀라운 능력은 모든 아이가 특정 시기까지 가지고 있다. 그동안 부모는 '가상과 실제를 연결시켜' 아이에게 잠재된 능력을 발휘할 수 있도록 도와주어야 한다.

🔴 호기심이 아이의 성적을 올린다

호기심에 관해서는 개인적으로 강렬한 기억이 있다.

유치원에 다닐 무렵이었다. 고등학생인 사촌형네 놀러갔는데 형이 작은 천체 망원경으로 토성을 보여 주었다.

망원경을 통해 들여다 본 그곳에 '토성의 띠'가 있었다!
책에서나 보던 것이 실제로 눈앞에 떡하니 나타난 것이다.
"이런 엄청난 게 우주에 떠 있단 말이야?"
"이렇게 뚜렷이 보이다니!"
나는 망원경 앞을 떠날 수 없었다.

그날 이후 점점 더 우주에 흥미를 느꼈고 스스로 공부했다. 그리고 중학교에 진학해보니 과학 시간에 배우는 내용은 이미 다 알고 있는 것이었다.

그러자 공부가 재미있어졌다. 새로운 지식도 힘들이지 않게 외울 수 있었고 시험공부도 따로 애쓴다는 느낌이 없었다.

아이가 스스로 즐기며 공부한다.
책상에 오래 앉아 있지 않아도 성적이 좋다.
학교에서 배운 것을 생활 속에서 직접 느낄 수 있다.

누구나 바라는 아이의 모습이다.

호기심은 여러분의 아이를 이렇게 바꿀 수 있는 힘이 있다.

🔴 도감이 키우는 뇌의 '이런 능력, 저런 기능'

도감으로 시작하는 가정 학습은 아이에게 어떤 영향을 미칠까? 여기서 잠깐 뇌의 활동에 대해 생각해 보자.

책을 읽을 때는 뇌 속의 '언어령(言語領)'이라 불리는 측두엽(側頭葉, 청각·시각·후각 등의 정보 처리)과 전두엽(前頭葉, 기억력·사고력 등의 고등 행동을 관장)이 활성화된다. 도감에는 그림이나 사진이 함께 실려 있으므로, 도감을 읽으면 언어령뿐만 아니라 도형 인식과 공간 인지를 담당하는 다양한 뇌 속 영역이 동시에 활성화된다.

다양한 부위의 뇌를 자극한다는 점에서도 도감은 아이의 뇌에 긍정적인 영향을 미친다.

거기에 실제 체험이 더해지면 아이의 뇌는 더 많은 자극을 받을 수 있다.

예를 들어 동물을 좋아하는 아이가 고양이를 기른다고 하자.

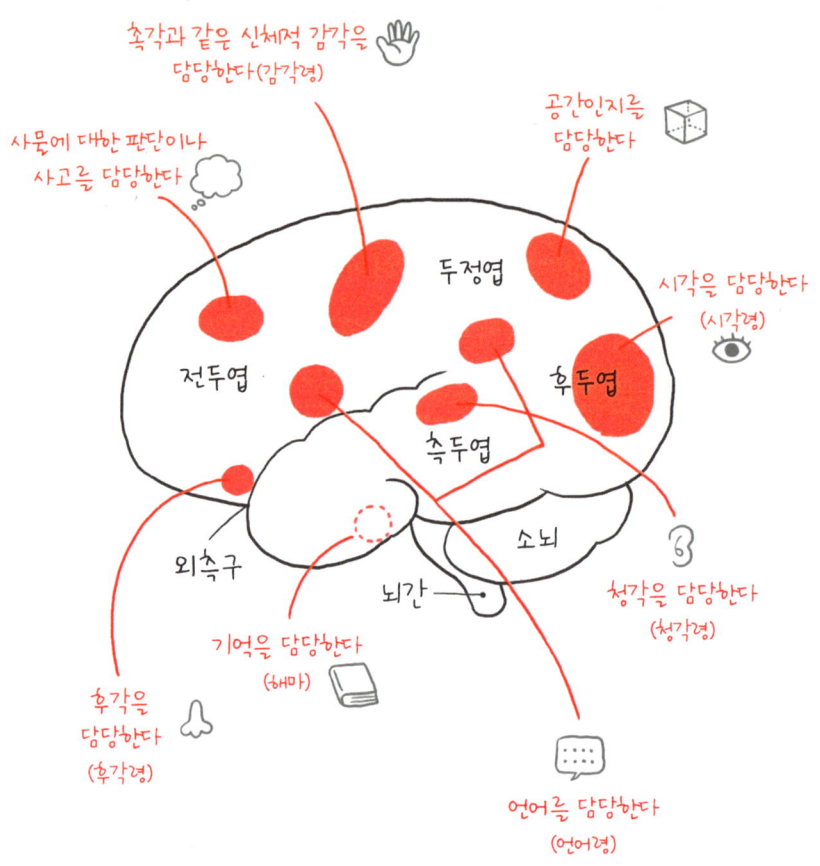

'도감+실제 체험'이 뇌의 다양한 부위를 자극한다

아이가 고양이를 쓰다듬을 때마다 촉각이 자극된다. 촉각을 관장하는 것은 뇌의 두정엽(頭頂葉)이라는 부분이다.

고양이가 애교를 부리거나 먹이를 달라고 조르면 아이는 그 울음소리를 듣고 차이를 구별하면서 청각에 자극을 받는다. 이러한 자극은 청각을 담당하는 뇌의 측두엽 발달에 도움을 준다.

아이가 동물 특유의 냄새를 맡으면 후각이 자극을 받는다. 후각은 뇌 속의 대뇌변연계(大腦邊緣系)에서 담당하는데 일명 '후각령(嗅覺領)'이라 불리는 부위다.

나아가 동물과 교류하면서 느끼는 심리적인 행복이나 만족감을 통해 뇌의 또 다른 영역들이 자극을 받는다.

이렇듯 현실에서의 체험은 시각, 청각, 촉각, 후각을 관장하는 뇌 속의 폭넓은 영역을 동시에 자극한다. 따라서 아이의 뇌 전체를 자극하기 위해서는 현실 체험이 반드시 필요하다.

🔴 스스로 성장하는 아이들의 공통점

현실 체험이 쌓여갈수록 아이의 머릿속은 궁금증으로 가득 차게 된다.

'이건 뭐야?'

'왜 그런 거야?'

'어떻게 되는 거야?'

서너 살 먹은 아이들이 무슨 일이든 '왜?' '어째서?'라고 끊임없이 묻는 이유다.

이때 부모는 아이의 질문 공세가 일시적인 것에 그치지 않고 언제까지나 이어지도록, 나이가 들더라도 어떤 것에든 호기심과 의문을 가질 수 있도록 이끌어 주어야 한다.

'어릴 때 대답해 주는 것만 해도 힘든데 커서까지?'라고 걱정할 필요 없다.

아이들은 처음에는 무엇이든 부모에게 물어본다. 그럴 때 도감을 꺼내 '스스로 찾아보는' 습관을 만들어 주자. 호기심이 강한 아이라면 '직접 찾아서라도 알고 싶다.'고 생각하게 만드는 것은 어렵지 않다.

호기심 풍부한 아이의 질문은 부모가 답할 수 있는 수준을 넘어서는 경우도 많다. 그럴 때는 부모가 무리해서 답하지 않는 편이 오히려 아이에게 좋을 수 있다.

하루하루 아이의 내면에서 자라난 '호기심'은 훗날 의욕과 열정이 되어 내 아이의 평생 자산이 되어 줄 것이다.

아이의 '잠재력' 은 다섯 살까지 결정된다?

🔴 호기심을 최대한 끌어올리는 도감 입문 시기

육아의 핵심은 이 강력한 '호기심'을 한시라도 빨리 아이에게 키워 주는 것이다.

그렇다면 호기심을 키우는 최고의 도구인 도감은 언제 시작해야 할까?

늦어도 3~4세부터는 접하게 해주는 것이 좋다. 남자 아이도 여자 아이도 마찬가지다.

그 이유는 우리의 '뇌 구조'에 있다.

대부분의 아이들은 3~4세 무렵부터 차츰 '좋아하고 싫어하는 것'을 스스로 판단하게 된다.

그럴 때 부모가 도감을 보여주면 '재미없어.' '꽃 같은 것 보기 싫어.'라고 할지 모른다.

하지만 더 어려서부터 늘 보고 만지던 대상은 익숙하므로 아이는 자연스럽게 '좋다'고 판단한다. 가장 알기 쉬운 예가 소꿉친구다.
어느 정도 나이가 든 이후에 사귄 친구는 어딘가 자신과 닮은 구석이 있다. 누구나 자신과 비슷한 성향을 가진 사람에게 친근감을 느끼기 때문이다.
하지만 소꿉친구는 다르다. 남들이 보기에는 '완전 반대되는 성격인데 어떻게 저렇게 사이가 좋을까?' 싶은 친구들이 많다.
소꿉친구는 나와 전혀 다른 성격이라도 친하게 잘 지낸다. 그 이유는 '좋다, 싫다' '맞다, 안 맞다'는 판단을 내리기 전부터 함께 지냈던 익숙함 때문이다.

아이와 도감도 마찬가지다. '재미있다, 재미없다'고 판단하기 전에 도감에 익숙해지면 아이가 도감을 '좋다'고 느낄 가능성이 높다.
따라서 아이의 호기심을 키우려면 3~4세 시기가 상당히 중요하다.
물론 때를 놓쳤다고 체념할 필요는 없다. 다섯 살이 넘었어도 아이를 도감에 흠뻑 빠지게 할 방법이 있으니까.

🧠 뇌 성장의 '골든타임'

또 한 가지, 가능한 한 빨리 아이의 호기심을 키워야 하는 이유가 있다.

우리 뇌 속에서는 뇌 신경세포들이 네트워크를 만들어 정보를 주고받는다. 이 뇌 신경 세포의 네트워크가 효율적으로 구축되어 정보를 신속하고 정확하게 전달할 수 있는 상태가 '머리가 좋다.' '기억력이 뛰어나다.'고 하는 상태다.

뇌의 성장에 대해서는 3장에서 자세히 설명하겠지만 여기서는 뇌 속 네트워크를 '도로'에 비유해서 살펴보자.

갓 태어난 아이의 뇌 속에서는 도로 건설, 즉 네트워크 구성이 활발하게 이루어진다. 도로를 건설할 때는 아래와 같은 원칙이 일관적으로 적용된다.

① 처음에는 무조건 도로를 많이 건설한다.
② 실제로 도로를 사용해 본다.
③ 쓰지 않는 도로는 제거한다.

'듣기 능력'은 태어나자마자 빠르게 발달한다

생후 6~8개월 아이들은 어떤 언어라도 듣고 구별할 수 있다는 사실이 미국 워싱턴 대학교 패트리시아 쿨(Patricia K. Kuhl) 교수의 연구를 통해 밝혀졌다.

앞서 설명한 도로 건설 방식에 비유하면 단계 ①에서 다양한 언어에 대응할 수 있도록 대량의 도로가 만들어지기 때문에 아이는 주변의 말소리를 듣고 그 차이를 구별할 수 있는 것이다.

말소리 외의 다양한 능력에 대해서도 뇌가 성장하는 시스템은 동일하다.

아이는 어떤 환경에서 태어나도 적응해서 살아갈 수 있다.

이 시스템 덕분에 아이는 보고 듣고 만지는 것은 무엇이든 흥미를 가지고 지식과 경험으로 흡수한다.

호기심은 빠르면 빠를수록 좋다

두어 살 먹은 아이와 산책하러 나가면 조금 가다 멈추기 일쑤다.

몇 걸음 걷다가 길바닥에 쭈그려 앉아 무언가 집어 들고는 '돌!' 하면서 보여준다.

걸음을 재촉해서 이제 좀 걷는가 싶으면 또 천사처럼 활짝 웃으며

'나뭇잎!' 하고 떨어진 낙엽을 주워 건네준다.

물웅덩이라도 보이면 첨벙 첨벙 뛰어들고 계단이 있으면 어디든지 기어오른다.

뇌 속 네트워크가 여기저기 펼쳐진 아이는 무엇이든 재미있고 호기심을 느끼기 때문이다.

어느 정도 시간이 지나 '자주 쓰는 도로'와 '쓰지 않는 도로'가 정해지면 단계 ③에 접어든다. '쓰지 않는 도로'를 제거하기 시작한다.

쓰지 않는 도로를 솎아내면 전체 도로 관리는 편해진다. 뇌를 더 효율적으로 사용할 수 있다. 반면 호기심은 조금씩 줄어든다.

누구나 태어났을 무렵에는 어떤 언어라도 습득할 수 있다. 그런데 많은 사람들이 영어 때문에 고생한다. 이는 영어 학습을 시작한 시기 때문일 수도 있다. 태어났을 무렵 영어 습득으로 이어지는 도로가 만들어졌지만 그 후 영어를 접하지 않아 도로가 제거되었을 수도 있다.

바꾸어 말하면 단계 ①과 ② 시기에 조금이라도 영어에 호기심을 가지고 자주 접하면 어렵지 않게 영어를 습득할 수 있는 것이다.

이렇듯 능력을 키우는 데 적합한 시기를 놓치지 않으려면 하루라도 빨리 호기심을 길러 주어야 한다.

실제로는 뇌의 부위, 즉 능력의 종류마다 ①과 ③ 시기의 차이가 있다. 모든 능력에 한꺼번에 '시간 제한'이 오지는 않는다. 예를 들어 언어 능력은 8~10세 사이에 발달의 절정을 맞이하고 음악과 운동 능력은 그보다 좀 더 이른 시기에 가장 많이 발달한다.

또 ③단계까지 진행되어 이미 도로가 제거되었다 하더라도 노력 여하에 따라 다시 개통될 수 있다. 그러니 때를 놓쳤다고 포기할 필요는 없다.

호기심이 현명한 아이를 만든다

🌸 성적이 좋은 아이의 뇌 vs 현명한 아이의 뇌

'성적이 좋은 것과 현명한 건 다르지 않나?' 하고 생각할지 모른다. 뇌의 관점에서 보아도 공부 잘하는 아이가 곧 현명한 아이라고는 할 수 없다.

하지만 전혀 관계가 없는 것은 아니다.

뇌가 보여주는 본질은 현명한 아이는 공부도 잘한다는 것이다.

단순히 성적이 좋은 아이, 공부 잘하는 아이로 키우기는 그다지 어렵지 않다. 적어도 나는 그렇게 생각한다. 어릴 때부터 학원에 보내서 잘 가르치는 선생님에게 배우면 누구라도 어느 정도까지 성적을 올릴 수 있다.

학교 공부란 정해진 범위가 있으므로 그 내용만 모두 이해하고 암기하면 된다. 어쨌든 시간을 들여 공부를 시키면 가능한 일이다.

하지만 단순히 '성적이 좋은 아이'는 반드시 어딘가에서 한계에 부딪힌다. 그 시기는 중학교일 수도 있고 고등학교나 대학교에 진학한 뒤일지도 모른다.

이런 아이들은 일정 수준까지는 실력이 자라지만 다음 단계로 오르기가 힘들다. 장래 무엇을 하고 싶은지 자신의 꿈도 좀처럼 찾지 못한다.

왜냐하면 '알고 싶다.' '배우고 싶다.'는 마음 없이 공부했기 때문이다. 이런 아이들은 자신이 공들여 준비했던 시험이 끝나자마자 무력감에 빠지기도 한다.

🧠 즐기며 성장하는 아이의 조건

현명한 아이, 그러니까 '호기심이 충분히 길러진 아이'는 다르다.

아이의 호기심이 당장 눈앞의 성적을 올리지 못할 수도 있다. 하지만 호기심을 계속 키워나가면 언젠가 반드시 성적도 오르게 된다.

A군은 2~3살 때부터 손에 잡히는 대로 상자와 장난감을 부수며 놀았다고 한다. 처음에는 엄마도 '부수면 안 돼.' 하고 주의를 주었지만 아무리 야단쳐도 '망가뜨리는 버릇'은 고쳐지지 않았다. 아이는 정말 재미있다는 듯이 물건들을 부수었다.

그래서 엄마는 남들이 쓰지 않는 장난감을 얻어다 아들에게 주며 말했다.

"이건 맘대로 부셔도 돼."

엄마가 '이것도 아이의 흥미 중 하나'로 이해한 것이다. 그리고 아이가 장난감을 깨끗하게 부수면 잘했다고 칭찬했다.

아이가 자라면서 '분해 놀이'는 본격적인 수준으로 발전했다. 지금은 시계, 휴대 전화, 컴퓨터 같은 정밀한 기계도 부품별로 완벽하게 분해할 수 있다고 한다.

현재 중학생이 된 A군은 학교에서 늘 상위권을 차지한다. 초등학교 때는 성적이 별로 좋지 않았지만 '우리나라에서 가장 물리를 잘 가르치는 고등학교에 들어가고 싶다.'는 생각으로 열심히 공부하고 있다. 아이의 엄마는 지금까지 '공부하라'고 말한 적이 한 번도 없다고 한다.

좋아하는 일에 열중할 줄 아는 아이는 스스로 자신의 능력을 키울 수 있다. 자신의 호기심을 채우기 위해 필요하다고 느끼면 스스로 공부하기 때문에 성적이 자연히 올라간다.

'장난감 부수기'처럼 언뜻 보기에는 성적과 전혀 관계없는 흥미라도 마찬가지다.

🔴 호기심은 뇌에 가장 좋은 영양소

우리 뇌는 스스로를 변화하고 성장시킬 수 있는 힘이 있다. 이 힘을 가소성(可塑性)이라고 한다.

어떤 일에 몰두하면 할수록 뇌의 가소성을 높일 수 있다. 그리고 가소성을 높이면 해당 내용과 직접 관계없는 뇌의 다른 부위도 성장하기 쉽게 만들 수 있다.

아이가 몰입하는 대상은 무엇이든 상관없다.

그림 그리기, 술래잡기, 피아노, 퍼즐…… 아이가 시간 가는 줄 모르고 열심히 하는 것, 호기심을 보이는 것이 있다면 그것을 마음껏 할 수 있도록 도와주면 된다. 그것이 아이의 뇌를 성장시키는 길이다.

호기심을 가지고 무언가에 열중하는 아이는 자연스럽게 현명해지고 머리도 좋아진다.

육아 방식에 따라 '뇌 구조'가 바뀐다

🔴 뇌의 평생 건강 지키기

지금까지 호기심이 아이의 뇌 성장에 얼마나 중요한 역할을 하는지 설명했다. 그런데 연구 결과 **뇌의 노화를 늦추는 데도 호기심이 효과가 있다**는 사실이 밝혀졌다.

아무리 건강한 사람도 나이가 들면 뇌도 늙게 되면서 이런 저런 기능이 쇠퇴한다. 하지만 어릴 때부터 호기심이 많은 사람은 나이가 들어도 뇌의 위축, 즉 노화 속도가 늦고 특히 '고차원적 인지 기능'이 높은 상태로 유지된다.

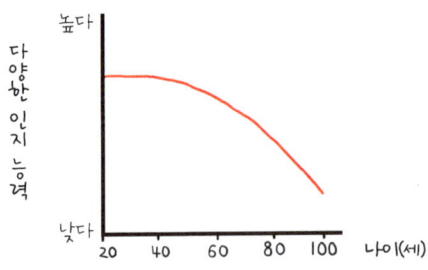

뇌는 '내버려 두면' 순식간에 늙어 버린다

고차원적 인지 기능이란 사람다움을 유지하는 능력이다. 생각하고 판단하고 계획하고 결정하고 통찰하거나 의사소통을 하는 힘인 것이다.

호기심이 왕성하고 고차원적 인지 기능이 높은 사람은 나이가 들어서도 인생을 즐길 수 있다. 그리고 그런 즐거움이 있어야 행복한 삶을 살기 쉽다.

스위스 취리히 대학교의 브루노 프라이(Bruno S. Frey) 교수는 '행복한 사람은 그렇지 않은 사람에 비해 10년 더 오래 산다.'는 연구 결과를 보고했다.

어린 시절 키운 호기심이 우리를 오랫동안 행복하게 살 수 있게 도와주는 것이다.

아이의 호기심을 키워야 할 또 하나의 중요한 이유다.

- 호기심이 뇌의 노화를 늦추어 준다.
- 호기심 덕분에 행복하게 오래 살 수 있는 가능성이 늘어난다.

치매에 걸리지 않는 뇌 만들기

호기심을 키우면 치매에 걸릴 위험을 줄일 수 있다. 뇌 과학 분야에서 이미 증명된 사실이다.

치매 환자의 수는 2016년 현재 일본에서만 450만 명에 달한다.
지금까지 치매는 '고칠 수 없고 누구나 언젠가는 걸리는 병'으로 생각했다. 특히 미국의 레이건 전 대통령이 치매에 걸린 이후, '오래 살면 누구나 걸리는 병'이라는 생각이 빠르게 확산되었다.
하지만 몇 년 전부터 인식이 크게 바뀌고 있다. 치매는 생활 습관의 영향을 크게 받는다는 사실이 알려진 것이다.

실제로 2013년 영국의 의학 전문지《더 랜싯(The Lancet)》은 조사 이래 처음으로 치매 환자의 비율이 감소했다고 보고했다. 생활 습관

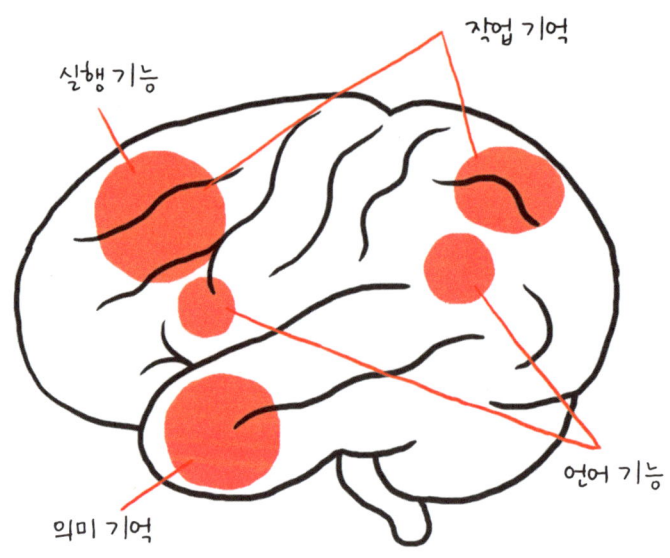

호기심이 고차원적 인지 기능을 활성화한다

지도 덕분에 놀랍게도 영국의 치매 환자 비율이 20~30퍼센트나 줄어든 것이다.

치매를 예방하는 생활 습관 지도 중에는 운동이나 취미 활동이 포함되는데, 그러한 활동이 고령자의 호기심 수준을 향상시켰을 가능성이 높다.

우리 연구 결과에서도 고령자 중 호기심이 왕성한 사람, 즉 취미 활동이 많은 사람은 고차원적 인지 기능을 담당하는 뇌 영역의 위축이 상대적으로 늦게 나타났다. 호기심이 왕성한 사람은 치매에 걸리기 어려운 경향이 있다는 사실을 확인한 것이다.

사례를 살펴보면 특히나 그 취미는 '어린 시절부터 흥미가 있던 것' '어릴 때 배운 적이 있고 어른이 되어 다시 시작한 것'이 많다.

여러분의 경험을 되돌아보면 쉽게 이해할 수 있을 것이다. 어릴 때 좋아했던 것은 접근법은 다를지라도 여전히 흥미로운 대상일 것이다.

어릴 적 야구 소년은 커서도 프로 야구의 열혈 팬이 되고, '철도왕'이었던 소년은 기차 여행을 좋아하는 어른이 된다.

물론 성인이 된 이후 새로 생긴 취미가 뒤떨어진다는 것은 아니지만, 어릴 적 친근했던 대상일수록 나이가 들어서도 계속하기 쉽다.

3~5세 아이에게 도감을 사주고 평생 지속할 수 있는 호기심을 길러 주자. 그러면 아이의 뇌는 현명하게 자랄 수 있다. 또 먼 훗날 치매에 걸릴 위험도 낮출 수 있다.

이 모든 사실이 최첨단 뇌 연구를 통해 밝혀지고 있다.

2장
현명한 아이로 키우는 세 개의 비밀 도구

'아이의 호기심을 키우라'고는 하지만 도대체 어떻게 해야 할까? 호기심을 키우는 데는 요령이 필요하다. 2장에서는 아이의 호기심 키우는 법을 소개할 것이다. 우리에게 필요한 것은 세 개의 비밀 도구다.

> 비밀 도구 하나 | 도감

어릴 적 선물은 '도감'이 최고

아이가 도감을 좋아하게 만드는 법

앞에서 설명했듯이 도감은 아이의 뇌를 자극해서 성장시킨다. 그러므로 아이가 '좋다, 싫다'를 스스로 판단하기 전에 곁에 두고 친근해지도록 만들어야 한다.

지금부터 구체적인 도감의 효과뿐만 아니라 도감을 구입하고 아이에게 읽어 줄 때 주의해야 할 점을 살펴보자.

막상 도감을 샀는데 아이가 별 흥미를 보이지 않는 경우도 있다. 그럴 때도 부모가 어떻게 행동하느냐에 따라 아이의 반응이 달라진다.

🍙 학교도 공부도 좋아하는 아이

도감의 놀라운 점은 처음 손에 잡은 어렸을 때부터 학교를 졸업하고 어른이 되어 사회에 나온 이후에도 끊임없이 '새로운 발견'을 할 수 있는 보물 창고라는 점이다. 몇 살이 되어도 도감은 우리의 호기심을 자극한다.

특히 중요한 것은 도감과 학습의 친화성이다. 어려서부터 도감을 보면 학교 학습에 대한 아이의 심리적인 장애가 확실히 낮아진다.

예를 들어 아이가 어릴 때부터 집에 있던 생물 도감을 재미있게 보았다고 하자. 초등학교에 들어가서 생물 시간에 '물고기는 아가미로 호흡한다.'는 사실을 배웠을 때, 아이는 이미 '아는 내용'부터 공

도감이 학교도 공부도 좋아하게 만든다!

부를 시작하게 된다.

"아가미가 뭐지?" 하면서 시작하는 아이와
"이거 나 알아. 도감에서 봤어."라는 아이의 학습에 대한 의욕과 습득 정도는 다를 수밖에 없다.

수업 내용을 쉽게 이해할 수 있으므로 '나는 공부를 잘한다.'는 자신감과 '학교가 좋다.'는 마음이 저절로 생긴다.

🌸 문자에 대한 흥미도 쑥쑥

도감을 자주 접하면 자연스럽게 문자에도 흥미를 느낀다.

도감은 아이가 무언가를 알고 싶어 하게 만드는 장치가 가득하다. 좋아하는 대상이 나오면 그림이나 사진만 봐도 재미있지만 그 옆에 쓰인 이름이나 설명도 알고 싶어진다.

"이건 어떤 이름일까?"
"무슨 말이 쓰여 있는 걸까?"

이런 생각을 하면서 점점 '알고 싶다.'는 마음이 강해진다. '세상의 사물을 알기 위해 문자를 배운다'는 학습의 본질을, 아이는 도감을 통해 깨닫게 되는 것이다.

우리 아들은 요즘 공룡에 흠뻑 빠졌다. 똑같은 공룡 도감을 싫증도 내지 않고 보고 또 본다. 자기 이름도 아직 제대로 모르면서 좋아하는 공룡 이름만큼은 술술 읽어댄다. 함께 도감을 보면서 '이게 이 공룡 이름이야.' 하고 몇 번 알려주었더니, 이제는 티라노스 사우루스, 트리케라톱스, 프테라노돈처럼 외래어에 긴 이름까지 정확하게 짚어가며 읽는다.

남자아이들은 여자아이에 비해 문자에 흥미를 덜 느끼는 경향이 있지만, 이렇게 곤충이나 공룡, 탈것처럼 아이가 좋아하는 도감을 이용하면 재미있게 글자를 익힐 수 있다.

도감을 통해 세상의 놀라운 넓이와 깊이를 배우기 시작하면, 성장하면서 더 많고 다양한 대상에 대해 알고 싶어진다.
'알고 싶어 참을 수 없다!' 이런 호기심 왕성한 아이에게 입시 공부는 장애가 될 수 없다. 자기 힘으로 어려운 수험 공부를 잘 이겨내고 사회에서 꿈을 펼치며 활약하게 될 것이다.

도감과 함께라면 자연스럽게 문자와 친해질 수 있다

이제 아이를 위해 제일 먼저 해야 할 일이 무엇인지 알 수 있을 것이다.

당장 서점에 가서 도감을 사오면 된다.

● "왜? 어째서?" 시기의 특효약

아이가 네 살 정도 되면 모든 일에 '왜? 어째서?' 하며 질문을 퍼붓기 시작한다. 쏟아지는 질문 공세에 부모는 당황스러울 정도다. 그럴 때 도감은 톡톡히 효과를 발휘한다.

부모도 모르는 내용을 아이가 물으면 집에 있는 도감을 찾아보면 된다. 아이와 함께 도감을 펼치고 대화를 나누며 답을 찾는 시간은 소중한 추억이 될 것이다.

만일 일이 바쁘거나 동생을 돌보느라 시간을 낼 수 없다면 아이에게 부탁해 보자.

"네가 도감에서 찾아보고 엄마한테 가르쳐 주겠니?"

그러면 아이도 '엄마한테 알려 줘야지!' 하고 여느 때보다 더 열심히 도감을 찾아볼 것이다.

"엄마 지금 바빠. 나중에 알려 줄게." 하고 아이를 실망시키기보다는 훨씬 좋은 방법이다.

🔴 남자아이도, 여자아이도! 이과 능력을 키우는 요령

"부모가 모두 문과 출신이지만 아이는 이과 쪽으로 학습 능력을 키우고 싶습니다. 가능할까요?"

이런 상담을 받으면 나는 늘 자신 있게 답한다.

"이과 계열의 학습 능력은 간단히 키울 수 있습니다."

근거는 도감을 활용한 학습법에 있다.

도감은 대부분 자연과학을 주제로 한다. 서점에 가서 도감 코너를 살펴보면 한눈에 알 수 있다. 동물, 새, 물고기, 곤충, 양서류·파충류, 공룡, 꽃, 식물, 채소·과일, 지구, 암석, 우주, 인체, 고대 생물, 화석, 원소 등. 이런 주제의 도감을 집에 갖추어 두면 아이는 자연과학을 자연스럽게 접하고 흥미를 느낄 수 있다.

매일 수학 학습지로 연산 문제를 풀게 하는 것보다 훨씬 더 자연스럽고 재미있게 아이를 이과의 세계로 이끌어 갈 수 있다.

흔히 도감은 남자아이들만 좋아한다고 생각하기 쉽다. 그도 그럴 것이 우리 부모 세대에는 이과로 진학하는 학생 중 남학생 비율이 압

도적으로 높았기 때문이다.

하지만 이과 과목을 좋아하고 잘하는 여자아이도 많다.

여자아이니까 이과 계열의 학습 능력은 키우지 않아도 된다는 것은 어불성설이다.

애당초 '호기심'은 이과든 문과든 구별할 필요가 없다.

"우리 애는 딸인데 도감은 필요 없지 않을까?"

"여자아이가 벌레 같은 걸 좋아해서 큰일이다."

부모 멋대로 이렇게 단정 지으면 아이의 미래는 제한될 수밖에 없다.

어떤 세상에서도 아이가 자기 힘으로 살아갈 수 있도록 도와주는 것이 부모의 역할이다.

아이가 자신의 미래를 스스로 개척할 수 있는 힘을 기르게 하는 데 도감만큼 유효한 것이 없다. 남자아이도, 여자아이도 마찬가지다.

🔴 언제 사서 어떻게 읽는가?

도감을 읽는 방법에는 정답이 없다.

부모가 아이에게 읽어 주어도 좋고 아이 앞에 앉아 여러분이 좋아하는 도감을 가만히 읽기만 해도 된다. 아이도 그런 당신의 모습을 보고는 덩달아 도감을 들여다보기 시작할 것이다.

핵심은 **부모도 도감을 좋아한다는 사실을 어떤 형태로든 아이에게 보여 주는 것**이다.

그리고 가능한 한 도감 읽기를 습관으로 만들어야 한다. 그렇게 하면 아이는 부모를 흉내 내면서 스스로 도감을 읽게 된다.

우리 집은 잠들기 전 한때가 아들과 나의 '도감 시간'이다. 요즘은 잠 잘 준비가 끝나자마자 아들 녀석이 책장에서 도감을 골라 침대로 올라온다.

목욕탕에서, 밥을 먹으며, 이를 닦으며, 화장실에서, 생활 속 곳곳에서 도감을 보는 것이 이제 습관이 되었다.

읽는 시간은 날에 따라 다르다. 10분이나 20분 만에 끝날 때도 있고, 주말처럼 여유가 있을 때는 한 시간 가까이 읽기도 한다.

한 가지 꼭 지키려고 애쓰는 것은 **짧은 시간이라도 괜찮으니 가능**

한 범위에서 매일 읽기다. 무리하지 않아야 계속할 수 있기 때문이다.

어떤 도감을 언제 사야 하는지도 정답은 없다. 하지만 수십 권짜리 전집을 한꺼번에 들여놓기보다는 **한 권씩, 두 권씩 골라 모으기를 권장한다.**

한꺼번에 사 놓으면 부모도 사람인지라 '읽지 않으면 아깝다.'는 생각에 아이에게 강요하기 쉽기 때문이다.

원래 도감에 흥미를 느끼던 아이도 '강요당한다'고 느끼면 싫어질 수도 있다.

한 권, 한 권 다 볼 때마다 함께 서점에 나가 다음에 읽을 도감을 아이에게 직접 고르도록 하자. 그러면 '이건 내 것'이라는 애착이 아이 마음속에 생긴다. 또 부모로서 자녀가 무엇에 관심이 있는지 관찰하면서 함께 대화를 나눌 수 있는 소중한 시간을 누릴 수 있다.

아이가 걸어 다니기 시작하면 나뭇잎, 꽃, 돌, 딱정벌레, 강아지, 자동차처럼 눈에 들어오고 손에 잡히는 모든 것에 흥미를 느끼게 된다.

그 시기를 놓치지 않고 도감을 찾는 습관을 만들어 주면 아이는 자연스럽게 도감에 빠져들 것이다.

도감에 무관심한
아이라면

🔴 **다섯 살이 넘은 아이도 푹 빠진다!**

아이가 도감에 별로 흥미를 보이지 않거나 다섯 살이 될 때까지 도감을 본 적이 없어서 '싫다.'고 하면 어떻게 해야 할까?

늦었다고 체념할 필요는 없다. 얼마든지 사태를 만회할 수 있기 때문이다. 아이가 '싫다.'고 말한 그 도감을 부모가 재미있게 읽는 모습을 보여 주면 된다.

아이는 늘 부모의 모습을 지켜보기 때문에 '부모가 재미있게 보고 있는 도감'을 옆에서 훔쳐보기 시작할 것이다.

처음에는 그저 부모의 흉내를 낼 뿐인지도 모른다. 그럴 때는 슬쩍 도감에 나온 내용을 화제로 삼아 대화를 나누어 보자. 그러면 아이는 자연스럽게 내용에 흥미를 느낄 것이다. 어린이용 도감은 내용이 비교적 단순하기 때문에 부모가 잘 모르는 분야라도 안심하고 시도해 볼 수 있다.

다만 아이가 읽지 못하는 글자가 있거나 해설이 어려운 부분은 대신 소리 내어 읽어 주고, 쉽게 풀어서 설명해 준다.

공룡 도감의 예를 들면 다음과 같은 식이다.

"쥐라기에는 브라키오사우루스가 살았대."
"티라노사우루스는 백악기 공룡이구나."

이렇게 도감의 내용을 소리 내어 읽어 준다. 그것만으로도 아이의 '몰입도'는 완전히 달라질 것이다.

백악기나 쥐라기 같은 단어는 생소하지만 시간에 대해 차근차근 설명하면 아이도 대충 이해할 수 있고, 자세하게는 알지 못해도 '옛날이야기'라는 정도는 머리에 남는다.

좀 더 자라 '옛날'을 시기별로 구별할 수 있게 되면 머릿속에 남아 있던 쥐라기, 백악기 같은 정보를 다시 떠올릴 수 있다. 그것으로 충분하다.

"이런 말은 알지 못할 테니까 그만두자."
"애들한테는 너무 어려운 내용이겠지?"

아이와 대화할 때 이런 식으로 지식을 제한하지 말자. 뇌의 기능에서 보면 아이들은 어른보다 훨씬 더 새로운 지식이나 정보를 쉽게 받아들인다.

아이는 부모와의 대화에서 말이 전하는 정보나 내용보다 훨씬 더 많은 것을 배운다.

표정이나 말투에서 상대의 기분을 파악하거나 그에 맞추어 자신이 어떻게 말하고 행동해야 하는지도 배운다.

만일 주변 어른들이 '넌 아직 어리니까 이건 몰라도 된다.'고 아이의 호기심을 무의식적으로 제한하면 아이는 마음껏 호기심을 키울 수 없다.

아이는 부모의 반응에 민감해서 '이건 몰라도 되는구나.' 하고 스스로를 제한해 버리기 때문이다.

🌸 부모의 한마디로 효과 200퍼센트

부모가 열심히 도감을 보아도 아이가 별 관심이 없다면 평소 나누는 대화에서 방법을 찾아보자.

예를 들어 유치원 등굣길에 아이가 나뭇잎을 주워서 보여 주면 다음과 같이 물어본다.

"이건 무슨 잎이지? 우리 나중에 집에 가서 도감 찾아볼까?"

그러면 아이는 '나뭇잎에도 종류가 있구나. 도감을 보면 알 수 있나?' 하고 흥미를 느끼게 된다. 스스로 배우는 자세는 이렇게 일상의 작은 일들이 쌓여 만들어진다.

반대로 부모가 이렇게 말한다면 어떻게 될까?
"길에서 아무거나 주우면 어떡하니!"
"이러다가 유치원 늦겠다! 빨리 가자!"
아이의 '알고 싶다'는 의욕이 그만 사라지고 말 것이다. 호기심의 문도 그 자리에서 닫혀 버릴 것이다.

집에 오는 길에 소나기 구름을 보았다면 그날 저녁 식사 때 한번 물어 보자.
"구름이 왜 생기는지 아니?"
아이는 분명 제대로 답하지 못하겠지만 나름대로 자기 생각을 말할 것이다. 부모는 그 대답을 화제로 삼아 아이와 다양한 대화를 나눌 수 있다.

아이가 자기 생각을 말해 주면 그 다음에 '구름은 말이야' 하고 과학적 원리를 알려주며 도감을 보여 주면 된다. 아이와 함께 즐거운 대화를 나누는 한때가 될 수 있다.

    나는 아이에게 하루 한 가지씩 새로운 것을 가르치기로 결심하고 실천하고 있다.
    신문이나 책에서 읽었거나 남에게 듣거나 도감에서 읽은 것 등 내용은 무엇이든 상관없다. 그날그날 기억에 남는 나라 이름이나 별, 동물, 곤충 등 다양한 이야기를 해 준다.
    다시 말해 '이렇게 하면 아이가 좀 더 흥미를 가질 수 있겠다.'고 생각되는 것은 무엇이든 이야기해 준다.
    아이에게 새로운 내용을 가르치는 목적은 지식을 암기시키려는 것이 아니다. 아이가 호기심을 느낀다면 내용의 99퍼센트를 잊어 버려도 괜찮다.

    부모와 자녀의 대화에 늦은 때는 없다.
    초등학생이든 중학생이든 당장 오늘 저녁부터 시작해 보자.

비밀 도구 둘 | 잠자리채

진짜를 만나라!

● '우리 아이만의 비밀 도구'를 찾아라

아이의 뇌를 성장시키는 데 효과적이라는 도감을 샀다. 이제 어떻게 해야 할까?

이제부터는 가상과 현실을 연결할 수 있는 방법을 찾아야 한다. 지금이야말로 부모가 지혜를 발휘해야 하는 중요한 순간이다.

필요한 도구는 아이가 어떤 주제의 도감에서, 무엇에 흥미를 느끼는가에 따라 달라진다.

우리 집은 잠자리채였다. 나도 어릴 적부터 나비를 좋아했기 때문에 아이와 함께 신나게 즐기고 있다.

도감에서 호랑나비를 보면 아이와 함께 잠자리채를 가지고 공원에 찾으러 간다. 반대로 공원에서 배추흰나비를 보면 집으로 돌아와 아이와 함께 도감을 찾아본다.

이처럼 생활 속에서 '가상(도감)의 정보'와 '실제(현실 세계)의 체험'을 연결시키면 아이의 호기심은 무한대로 자라날 것이다.

- **전철을 좋아하는 아이** – 카메라, 전철 시간표
- **물고기를 좋아하는 아이** – 낚싯대와 어망
- **꽃과 풀을 좋아하는 아이** – 현미경
- **별을 좋아하는 아이** – 망원경

아이가 무엇에 관심이 있는지 주의 깊게 관찰해서 도감과 현실 세계를 연결할 수 있는 방법을 찾아보자. 그것이 아이의 호기심을 키우는 두 번째 비밀 도구다.

● 알고 싶은 마음이 자란다

실제로 도구를 가지고 밖에 나가면 도감 속에서 본 내용이 현실 세계와 연결이 된다. 그 체험을 계기로 아이의 호기심은 더 크게 자라날 수 있다.

상상해 보자.

도감에서 호랑이를 보고 '멋지다!'고 감탄했는데 어느 날 아버지가 동물원에 데리고 가서 진짜 호랑이를 보여 주었다. 눈앞에 나타난 호랑이의 박력은 도감에 비할 바가 아니다. 아이의 마음은 흥분으로

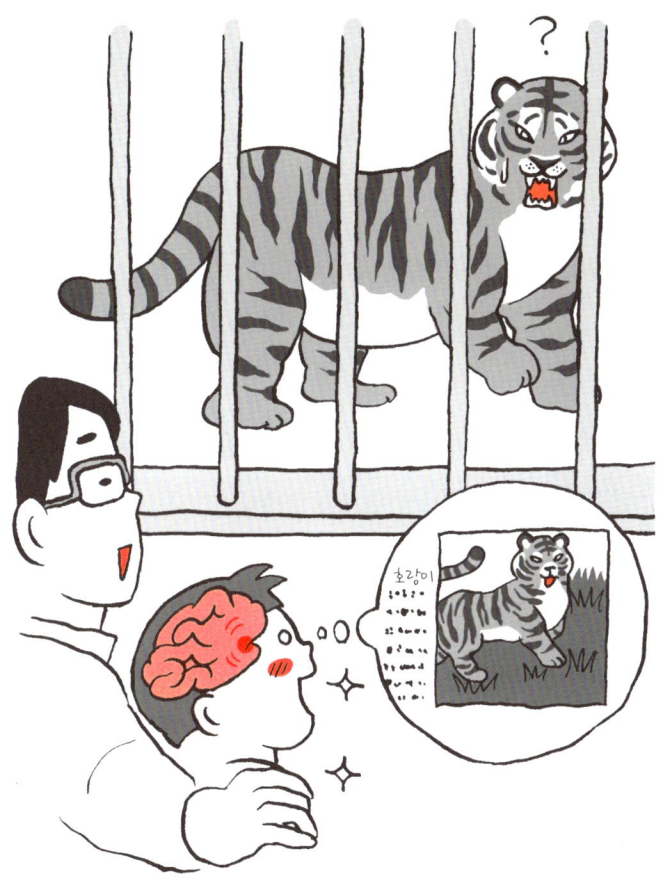

'도감+실제 체험'으로 뇌의 성장이 가속화된다!!

두근거리고 감동으로 가득 찬다. 호랑이 우리 앞에서 한 발짝도 움직이지 않을 태세다. 집에 돌아와서도 동물원에서 녹음한 '어흥!' 하는 호랑이 울음소리를 몇 번이고 되풀이해 듣는다. 들으면 들을수록 그 순간의 감동이 되살아나는 듯 빠져든다.

현실의 사물이 가상 세계로 이끄는 경우도 있다.

길가에 핀 예쁜 꽃을 발견하고 떨어진 꽃잎을 집으로 가져와 현미경으로 들여다보았다. '이건 무슨 꽃일까?' 궁금해하는데 엄마가 '여기 나와 있을지도 몰라.' 하고 식물 도감을 건네준다. 아이는 도감에서 자기가 본 꽃과 똑같은 사진을 찾아낸다.

아이에게는 '대 발견'이다. 세계 최초로 새로운 식물을 발견한 듯한 기분이 들 것이다.

"이 꽃에는 여러 종류가 있구나."
"꽃이라고 생각했는데 이 부분은 잎이었네?"
한 송이 꽃에서 시작하여 도감 속에 펼쳐진 정보의 바다로 멋진 항해가 시작되는 것이다.

가상과 실제를 연결시켜 호기심을 자극하면 아이는 스스로 배움의 깊이를 더해간다. 그 과정에서는 '애써서 공부한다'고 느끼지 않는 법이다.

부모는 일상에서 가상과 실제를 연결시켜 아이의 호기심을 키우기 위해 '의식적으로' 노력해야 한다.

🍙 일상이 배움터가 된다

평소 생활에서도 도감의 내용과 현실 세계를 연결시킬 기회는 얼마든지 있다.

예를 들어 저녁 식사 후 아이와 함께 산책을 나갔는데 다른 별보다 한층 더 밝게 빛나는 별이 눈에 띄었다.

그럴 때 "저건 금성이라는 별이야. 천체도감에서 봤지?"라고 알려주면 이것도 가상과 실제의 멋진 연결이 된다.

별에 관해 잘 모른다면 달이라도 좋다. 밤하늘의 예쁜 달을 보고 좋아하는 아이에게 "오늘은 정말 예쁜 초승달이 떴네. 저 달은 우리 지구 주위를 돌아다닌단다. 그런 걸 위성이라고 해."라고 설명한다. 위성을 알려 주었다면 다음은 행성, 항성 하는 식으로 점차 범위를 넓혀 이야기해 주면 아이는 스트레스를 받지 않고 별들의 관계를 이미

지로 떠올리며 기억할 수 있다.

그리고 나중에 학교 수업에서 '행성은 항성 주변을 공전한다. 그리고 위성은 행성 주위를 공전한다.'는 내용을 배우면 어릴 때부터 배경 지식과 체험을 쌓았으므로 아무것도 모르는 백지 상태에서 무조건 외우기보다는 훨씬 더 쉽고 재미있게 이해할 수 있다.

"맞아, 그때 엄마가 달은 지구의 위성이라고 했어." 하고 기억을 떠올리는 것이다.

이처럼 **도감의 지식과 자신의 체험이 하나가 되면 기억은 더욱 강화된다.**

나도 시간이 날 때마다 들과 산으로 아이를 데리고 나간다. 지난번 아들이 들판에 핀 작은 꽃을 가리키며 "개망초!"라고 외쳤을 때는 정말 감동했다.

🔴 부모와의 즐거운 추억이 아이를 자라게 한다

가상과 실제를 연결하는 것은 말처럼 쉽지 않을 수 있다.

바쁘게 일하며 어린 자녀를 키우는 부모는 특히 더 어렵다.

"아이가 동물을 보고 싶어 하지만 주말 정도는 집에서 편히 쉬고 싶다."

이것이 많은 부모들의 솔직한 심정일 것이다.

상황에 따라서는 아이가 원하는 곳으로 외출하는 일 자체가 어려울 수도 있다.

그럴 때는 부모 자신의 취미나 가족 행사를 이용해서 가상과 실제를 연결하는 기회로 만들면 좋다.

아이는 대개 부모가 좋아하는 것을 같이 좋아하기 마련이다. 또 무엇이든 엄마아빠와 함께 하는 것을 좋아한다. 그러므로 싫은데 무리해서 산과 들로 나가지 않아도 된다. 자녀와 함께 즐길 수 있는 분야에서 '가상과 실제의 연결'을 실천하면 된다.

부모가 여행을 좋아한다면 떠나기 전에 목적지의 역사나 문화에 대해 제대로 공부해서 아이에게 간단히 설명해 줄 수 있으면 충분하다. 부모님과 함께 간 여행지에서 눈앞의 현실(실제)과 정보(가상)가 연결되는 경험은 아이에게 좋은 자극이 될 것이다.

역사와 문화를 중심으로 한 여행 안내서를 적극적으로 활용해도 좋다.

자동차를 좋아하는 부모라면 모터쇼 같은 이벤트에 아이와 함께 가는 것도 좋다.

나도 어릴 때부터 자동차 마니아라서 지금도 아이를 데리고 자주 자동차 전시장을 찾는다. 아이에게 단순히 차종이나 메이커를 가르칠 뿐 아니라 어느 나라의 어떤 메이커인지 설명해 주면 훌륭한 지리 이야기가 될 수 있다.

나아가 자동차의 엔진 구조나 디자인을 주제로 하면 훌륭한 과학 이야기가 될 수 있다.

나는 어릴 적부터 멋진 자동차에 대한 동경이 있어서 '크면 이런 멋진 차를 타고 싶다.'는 생각에 공부도 일도 열심히 했다. 이처럼 일종의 동기 부여 같은 부수적인 효과도 기대할 수 있다.

🔴 게으른 부모가 아이의 의욕을 높인다!

가상과 실제를 연결할 때 포인트는 아이에게 정보를 암기시키기보다 편안하게 '가족 전체가 즐기는' 자세로 임하는 것이다.

부모 자신이 공부할 시간이 없다면 아이에게 질문을 던지는 것만으로도 아이의 호기심은 자극된다.

"저건 뭐지?"

"왜 이렇게 되었을까?"

그러면 생각지도 못한 순간에 아이는 "아빠가 말한 거, 도감에서 찾았어요!" 이렇게 말해줄 것이다.

어떤 일을 함께 한다는 것만으로도 부모와 자녀 사이의 대화는 늘어난다. 그리고 아이는 '아빠엄마와 저것을 하고 싶다. 여기에 가고 싶다.'고 생각하게 된다. 거기서 다시 새로운 호기심이 태어나는 것이다.

아이의 호기심을 키우려면 부모의 노력이 어느 정도는 필요하다. 힘들겠지만 지금 이 순간 여러분이 애쓰고 수고한 것 이상으로 반드시 아이의 성장이 보답해 줄 것이다. 가능한 일부터 시작해 보자.

비밀 도구 셋 | 악기

생애 첫 학습은 반드시 '음악'

🌸 재능을 꽃피우는 연령별 학습

"뭐부터 시키면 좋을까요?"

부모들에게 종종 듣는 질문이다.

누구나 자기 아이의 재능을 풍부하게 길러주고 싶다.

그런데 뇌의 발달 측면에서 보면 연령에 따라 적합한 학습은 따로 있다.

보통 아이들이 세 살 정도가 되면 무언가 배우기 시작한다.

생애 첫 학습으로는 악기를 배우는 것이 좋다.

이 시기에는 특히 음감과 리듬감을 쉽게 익히기 때문이다.

하지만 악기는 그 이상의 힘을 지니고 있다. 이 시기의 악기 학습은 '현명한 아이' '호기심 왕성한 아이'로 키우는 데 상당한 힘을 발휘한다.

🧠 음악이 영어 실력을 키운다?

　뇌는 신체의 움직임, 시각, 소리, 언어 등 기능별로 담당하는 영역이 정해져 있다.

　그 많은 영역 중에서 소리를 담당하는 영역과 언어를 담당하는 영역은 아주 가까운 곳에 위치한다. 거의 겹쳐 있다고도 할 수 있다.

　3~4세면 정확히 언어가 발달하는 시기와 일치한다. 따라서 이때 악기를 배우고 연주하면 언어 영역에도 긍정적인 자극을 줄 수 있다.

　남자아이는 여자아이에 비해 언어 발달이 늦는 경우가 많다.

　'누나는 안 그랬는데 남동생은 좀처럼 말이 늘지 않는다.'며 고민하는 분을 주변에서 종종 본다. 그럴 때 무리하게 단어 공부나 쓰기 연습을 시키면 아이는 오히려 흥미를 잃고 말이나 글자를 싫어하는 역효과를 낳기 쉽다.

　음악을 이용하면 아이에게 스트레스를 주지 않고 뇌가 언어를 받아들일 준비를 하도록 도울 수 있다.

　음악은 나중에 아이가 외국어를 습득할 때도 도움이 된다.

　영어의 L과 R, B와 V의 차이를 구별하는 '듣기 능력'은 제2언어인 영어를 습득하는 데 필수적이다. 그 기초가 되는 힘을 어릴 적 음악을

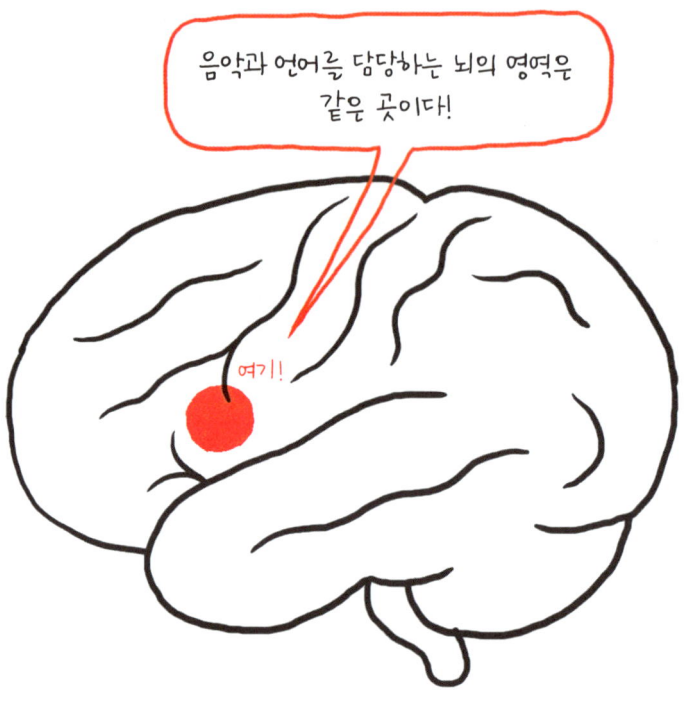

어릴 때 배운 음악이 영어 학습에 도움이 되는 이유

배우면서 익혀 두면 장차 영어 학습에 도움을 받을 수 있다.

이 '듣기 능력'은 영어뿐 아니라 전 세계 어떤 언어에도 응용할 수 있다.

어릴 적부터 음악을 듣고 악기를 배우는 것은 훗날 외국어 습득을 위한 기초 공사나 마찬가지다.

🔴 그러므로 음악은 어릴 때 시작해야 한다!

음악의 가장 좋은 점은 그 호기심이 지속되기 쉽다는 것이다.

어릴 적에 시작한 음악을 나이가 들어 은퇴한 후에도 계속하는 분이 상당히 많다. 악기 그 자체에 대한 흥미도 물론이지만 음악을 통해 다양한 방면으로 지적 호기심을 넓힐 수 있어 싫증이 나지 않기 때문이다.

역사, 문화, 음악가, 명곡, 악기의 구조…… 감상과 연주에서 한 발 더 나아가 음악을 즐기는 분들도 많을 것이다.

음악은 타인과의 소통에서도 힘을 발휘한다.

한 분야의 일인자나 기업의 대표들과 만나보면 종종 음악을 화제로 이야기꽃을 피운다. 다들 바쁜 중에도 틈을 내어 음악을 듣고 있는 것이다.

음악은 우리의 삶과 호기심을 평생에 걸쳐 풍요롭게 넓혀 준다. 그 출발점은 어릴 때 엄마 손에 이끌려 배운 피아노인지도 모른다.

🍓 음악에 대한 흥미를 높이는 법

아이에게 음악을 들려주면 대개 손뼉을 치거나 몸을 흔들면서 소리를 낸다. 음악 교육은 먼저 아이가 소리에 흥미를 가지게 한 다음 악기를 배우게 하는 것이 이상적이다. 아이가 악기에 별 흥미를 보이지 않는다면 부모가 먼저 악기를 연주해서 소리를 내며 보여 주자.

실은 우리 집이 바로 그런 경우였다.

어릴 때 피아노를 배웠던 나는 아들에게도 피아노를 가르쳤지만 조금도 재미있어하지 않았다. 그래서 집에 있는 피아노를 내가 직접 치며 들려주었다. 아들에게 피아노 치면서 즐거워하는 아빠의 모습을 보여 주려는 생각이었다.

얼마 지나지 않아 계획은 적중했다. 아들이 나를 흉내 내며 건반을 두드리기 시작한 것이다.

그것이 계기가 되어 음악에 대한 흥미가 싹튼 듯, 아이는 이제 혼자 피아노를 치며 직접 작사·작곡(!)한 '공룡 노래'를 신나서 연주하고 노래한다.

아이에게 무언가를 시키고 싶다면 부모가 스스로 해서 보이는 것이 가장 지름길이라는 사실을 새삼 깨달았다.

함께 악기를 연주할 수 있게 되면 가족 모두가 즐길 수 있다. 아이가 피아노, 엄마는 기타, 아빠는 노래를 부르며 화목한 가족 시간을 보낼 수 있다.

음악이 가족 행사의 하나가 된다면 부모와 자녀 모두의 뇌에 좋은 효과를 기대할 수 있다.

음악은 아이 뇌의 다양한 영역을 자극해 성장을 돕고, 부모의 뇌 또한 전체적으로 활성화시키기 때문에 치매 위험을 낮출 수 있다.

자연스레 성적이 오르는
비밀

🔴 특기 하나가 나머지 단점을 보완한다

지금까지 소개한 '세 가지 비밀 도구'를 활용하면서 평소 생활을 관찰하면 아이가 어떤 것에 흥미가 있는지 알 수 있다.

동물, 로봇, 새, 전철, 댄스, 노래, 바이올린, 축구 등 어떤 것도 괜찮다. 아이가 좋아하는 것을 적극적으로 지원해 주자.

B군은 우주를 정말 좋아하는 남자 아이다. 도감도, 책도, 만화까지 우주에 관한 것이 아니면 읽으려 들지 않아서 부모님은 고민이다.

하지만 걱정할 필요가 없다. 아이의 호기심이 가는 대로 배울 수 있도록 돕는 것이 뇌를 더 풍요롭게 성장시키는 방법이다.

뇌에는 범화(汎化)라는 특성이 있다. 어떤 한 가지 능력이 자라면 그와 직접 관련이 없는 부분까지 능력이 향상되는 성질이다.

우주가 좋아서 별이나 행성에 관한 도감만 보았는데 언어 능력까지 함께 향상되는 이유다.

뇌의 범화. 한 가지 흥미가 다른 능력도 함께 키운다!

무언가 한 가지 분야에 집중해서 노력하면 뇌 안에서는 그와 관련된 영역의 신경 세포 네트워크가 강화된다. 그리고 그 변화에 이끌려 뇌의 다른 다양한 분야의 네트워크도 최적화되기 때문에 이러한 현상이 일어난다.

즉 한 가지라도 뛰어난 능력이 있으면 그 외 다른 능력도 기본적인 수준이 높아지는 것이다.

뇌의 범화라는 성질 덕분에 '한 가지 잘하는 것'이 있으면 그것만으로도 뇌 전체의 기능을 향상시킬 수 있다.

B군의 경우 우주에 대한 다양한 내용을 배우면서 동시에 언어나 공간, 수리와 같은 다른 능력도 차츰 발전될 것이다. 아이가 무언가에 몰입한다면 뇌에 좋은 일은 있어도 나쁜 일은 없다.

학습에서도 동일한 현상이 나타난다.

아이가 잘 못하는 교과가 있으면 부모는 종종 그 과목을 더 많이 공부시키려고 한다. 약점을 극복시키고 싶은 심정은 이해하지만 잘못하면 아이의 호기심을 빼앗는 결과를 낳을 수도 있다. 우선은 아이가 잘하는 과목에서 철저히 실력을 키우는 편이 전체 과목의 성적을 올리는 지름길이다.

거기에 아이의 자신감이라는 측면을 감안하면 더더욱 잘하는 것을 키워주는 것이 올바른 공부법이라 할 수 있다.

🔴 노력하는 요령

하지만 현실적으로 시험이나 입시가 있으니 잘 못하는 과목을 방치할 수는 없는 노릇이다. 그럴 때는 잘하는 과목을 철저히 공부한 경험을 활용할 수 있다.

한 분야를 집중적으로 파고들어 성공하면 아이는 '어떻게 하면 잘

할 수 있는지'를 깨우치게 된다.

좋아하는 일에 몰입해 하다 보면 자연스럽게 효율적으로 '노력하는 법'이나 '습득하는 요령'을 배우기 때문이다.

초등학교 2학년인 C양은 고전 시집 카드놀이에 흠뻑 빠져 있다. 아이가 이 카드를 어떻게 가지고 노는지 관찰해보면 아이들은 놀이나 취미를 통해 효과적으로 노력하는 법을 배운다는 사실을 알 수 있다.

C양은 먼저 시가 적힌 100장의 카드 중에 20장 정도를 늘 가지고 다니면서 틈날 때마다 읽으며 외운다. 뜻을 잘 모르는 부분은 해설서를 보고 이해한다. 잠자기 전에 엄마와 함께 그날 외운 카드 내용을 시간을 재며 확인한다.

평소 집에서 동생과 놀면서도 엄마가 시의 첫 구절을 읽으면 바로 나머지 구절을 암송하는 식으로 카드 내용을 가지고 논다.

이렇게 날마다 조금씩 시구를 흥얼거리더니 마침내 완벽하게 외우게 되었고, 조만간 지역에서 열리는 암송 대회에 출전할 생각이라고 한다.

대단한 열정이지만 정작 아이 자신은 좋아서 하는 일이라 노력한다고 느끼지 못할 것이다.

　아마 부모님이나 선생님이 100개의 시를 외우라고 했다면 시가 적힌 카드 따위 쳐다보려고도 하지 않았을 것이다. 자기가 좋아서, 호기심이 있기 때문에, 노력을 노력으로 생각하지 않고 계속할 수 있는 것이다.

　그 아이의 현재 학교 성적이 어떤지는 알 수 없지만 앞으로 반드시 공부도 잘하고 현명한 어른으로 성장할 것이다. 어떤 일을 수행하는 데 필요한 순서와 요령을 이미 터득하고 실행에 옮기고 있기 때문이다.

　내용의 의미를 이해하고 모르는 부분은 해설을 찾아본다.
　암기가 필요하면 되풀이해 읽는다.
　시간을 재며 테스트를 한다.
　자기 전에 암기한 부분을 다시 본다.
　확인을 위해 복습한다.
　게다가 대회 출전이라는 목표를 세웠으므로 동기 부여도 충분하다.
　여느 어른 못지않은 계획 능력과 추진 능력을 갖춘 셈이다.

이렇게 좋아하는 일에 몰두하면서 아이들은 '노력하는 요령'을 습득할 수 있다.

🔴 애쓰지 않고 성장하는 아이

물론 시 외우기와 입시 공부는 다르다. 하지만 스스로 몸에 익힌 '노력하는 요령'은 다양한 분야에서 활용할 수 있다.

현재 자신에게 부족한 점을 파악하고, 보충하기 위해 해야 할 일을 생각한다. 누구에게 물어보면 좋을지, 어떻게 연습해야 좋은지를 알아보고 그대로 실행한다.

실력 향상을 위한 방법의 본질은 결국 어떤 일에 있어서도 마찬가지다.

공부도, 일도, 취미도 무슨 일이든 자기 머릿속에 완성되어 있는 '일의 순서'를 적용하면 된다.

이런 요령을 깨우친 아이라면 잘 못하는 것이 있어도 빠르게 극복하고 실력을 향상시킬 수 있다.

현명한 아이는 노력을 노력으로 생각하지 않고 계속할 수 있는 아이, 혹은 노력하는 요령을 아는 아이다. 양쪽을 모두 갖춘 아이도 있다.

노력도 결국 호기심과 관련이 있다. 호기심을 느낀다면 노력하는 것 자체가 스트레스가 되지 않기 때문이다.

아이가 어릴 때는 이것저것 다양한 학습을 시키기보다 한 가지 좋아하고 잘하는 것에 집중해서 실력을 키워 주자.

무엇보다 아이의 호기심을 키워 주고, 좋아하는 일을 통해 노력하는 요령을 익히게 돕는 것이 중요하다.

출발 시기가 결정하는
재능과 감각

재능이 풍부한 아이로 자랐으면 좋겠다.

적성을 찾아주고 싶다.

모든 부모의 바람이다. 그 때문에 이것저것 배우게 하며 소위 '학원 돌리기'를 시키고 만다.

나 또한 부모로서 그 심정은 충분히 이해한다. 하지만 뇌가 어떻게 성장하는지 살펴보면 아이에게 한꺼번에 많은 것을 가르칠 필요가 없다는 걸 알 수 있다.

뇌는 사용하는 영역에 따라, 능력에 따라 발달하기 시작하는 시기가 다르다.

어떤 능력이 가장 발달하기 쉬운 시기에 그와 관련된 학습을 시작한다. 다음 시기가 되면 또 다른 것을 배우게 한다.

이런 과정이 거듭되면 아이의 능력을 효율적으로 키우면서 아이가 느낄지도 모를 학습 스트레스를 크게 줄일 수 있다.

그렇다면 구체적으로 몇 살에 무엇을 배우기 시작하면 좋을지 연령별로 살펴보자.

`0세~ | 도감·그림책·음악`

감각과 감성은 눈과 귀로 자란다

판단하는 눈, 날카로운 귀

아이가 스스로 '좋다, 싫다'는 판단을 하기 전에 도감이나 음악을 접하게 하는 것이 좋다. 뇌가 되도록 많은 정보를 수용할 수 있는 준비를 해 두는 것이다.

시각과 청각은 태어나자마자 엄청난 속도로 발달한다.

따라서 이 시기에 도감과 그림책을 통해 그림과 사진을 많이 보여주고 그 내용을 읽어주는 일은 갓난아이의 뇌 발달에 큰 도움이 된다.

이때 부모의 취향에 따라 도감이나 그림책을 선택하지 않도록 주의하자.

가능한 한 다양한 분야를 접하게 해 주어야 아이의 가능성을 더 크게 키울 수 있다.

음악 들려주기도 0세부터 가능하다.

집에서는 클래식 음악을 항상 틀어 놓고 아이가 일상 속에서 자연스럽게 음악을 접하며 듣는 힘을 키우도록 돕자. 자연스럽게 음감이 발달하고 아이가 자라서 악기를 배울 때도 큰 도움이 된다.

물론 클래식만 고집할 필요는 없다. 부모가 좋아하는 음악을 듣는 것도 마찬가지 효과가 있다.

시간도 돈도 들이지 않고 아이의 재능을 키울 수 있는 시기가 있다!
나이별 뇌 성장 지도

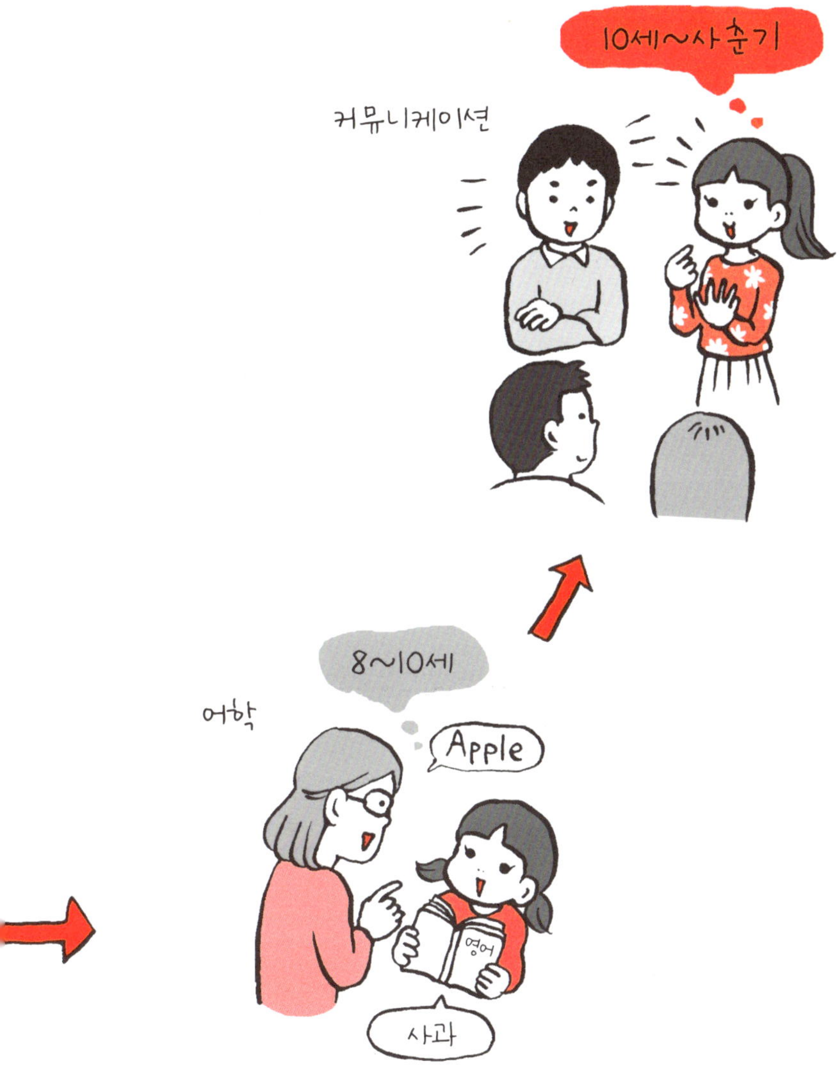
10세~사춘기
커뮤니케이션
8~10세
어학
Apple
영어
사과

`3~5세 | 악기·운동`

음악과 운동 재능이 꽃피는 시기

🍙 아이의 손재주는 부모가 만든다

어떤 악기든 시작한다면 이 시기, 즉 3~5세 때 배우면 좋다.

악기는 아이의 언어 능력을 키우는 동시에 신체적인 능력도 기를 수 있다.

대부분의 악기는 연주할 때 손가락이나 손목 주변의 섬세한 동작이 필요하다. 이 섬세한 운동을 교치(巧緻) 운동이라고 한다. 교치성을 키우는 것, 즉 일이나 동작을 정교하고 치밀하게 수행하는 능력은 3~5세 무렵에 익히기 쉽다.

교치 운동을 담당하는 뇌의 '운동령(運動領)'은 3~5세를 전후로 해서 최고조로 발달한다. '악기는 세 살부터.'라는 가설이 성립하는 근거다.

그 밖에도 이 시기에 피겨스케이트나 발레, 탁구처럼 섬세한 몸의 움직임이 필요한 운동을 시작하면 자연스럽게 능력을 키울 수 있다. 특히 미묘한 균형 감각이나 정교함이 필요한 종목은 이 시기에 시작하는 것이 가장 효과적이다.

세계적으로 유명한 피아니스트나 바이올리니스트, 체조 선수 등이 대부분 세 살을 전후해서 배우기 시작한 것이 그 증거다.

이 시기에 악기나 운동을 배우기 시작해서 몸에 익힌 능력은 훗날 악기의 종류나 경기 종목이 바뀌어도 '기초적인 능력'으로 남아 탄탄히 아이를 뒷받침해 줄 것이다.

명문대생은 누구나 피아노를 배웠다!

이 시기에 특히 추천하는 악기는 역시 피아노다.

피아노는 세월이 흘러도 변함없이 인기가 높다. 뇌 의학 연구를 통해 효과가 증명되기 훨씬 전부터 '아이에게 좋다.'는 사실을 부모들이 체감하고 있었기 때문이다.

양손으로 각기 다른 음을 치는 피아노는 연습하면 할수록 좌우 뇌를 연결하는 뇌량(腦梁)이라는 신경섬유 다발을 발달시킨다.

또 머리로 생각하면서 동시에 손을 사용해야 하므로 뇌와 손 근육을 연결하는 추체로(錐體路)라는 신경 네트워크가 발달된다. 뇌뿐 아니라 뇌와 손을 연결하는 경로까지 단련할 수 있는 것이다.

전자 피아노라면 비교적 부담 없이 구입할 수 있고, 동네마다 피아노 교실도 많이 있다. 그런 의미에서 피아노는 배우기도 쉬운 악기다.

2015년 말 대기업 전기메이커가 '도쿄 대학교를 비롯한 일본 유명 대학교 학생의 약 반수 이상이 피아노를 배운 적이 있다.'는 조사 결과를 발표했다.

물론 피아노를 배우면 명문 대학에 들어갈 수 있다는 이야기는 아니지만 **피아노를 배우면 뇌가 더 효과적으로 발달할 가능성**은 기대할 수 있다.

🔴 노력은 타고난 재능을 뛰어넘는다

유명 피아니스트나 바이올리니스트 등을 보면 역시 재능은 타고나는 것이라고 생각된다.

확실히 음악가의 뇌 영상을 분석하면 예술에 관련된 뇌 영역이 크다는 사실을 확인할 수 있다.

하지만 그것은 어릴 적부터 하루도 빠짐없이 계속된 연습이 '뇌를 키운' 결과지 그 반대는 아니다. 운동이나 공부도 마찬가지다.

뇌에는 가소성이라는 특징이 있다. 가소성이란 스스로를 변화시키는 능력이다. 이것은 아이의 뇌에도 어른의 뇌에도 공통되는 성질이다.

어릴수록 뇌가 변화하고 성장하기 쉬운 것은 사실이지만 나이가 아무리 많아도 끊임없이 배우면 뇌는 계속 성장한다.

교치 운동 능력이 발달하기 쉬운 3~5세 시기에는 악기나 운동을 시작해야 한다.

그리고 이 시기가 지나도 누구나 배우면 뇌는 계속 성장한다.

이 두 가지를 꼭 기억하자.

🔴 절대 음감, 상대 음감 기르기

3~5세 시기에 악기를 배우는 장점은 또 있다. 절대 음감, 상대 음감 같은 '음감'을 익히기 쉽다.

'음감은 어릴 때 훈련하지 않으면 익힐 수 없다.'는 사실은 뇌 의학 측면에서 보면 청각의 발달과 관계가 있다.

청각의 발달은 생후 이른 시기부터 시작되어 3~5세 무렵에는 어느 정도 완성되므로 절대 음감을 익히려면 청각이 완성되기 전에 훈련해야 한다.

단 음악과 언어에 관한 정보를 처리하는 뇌의 영역이 상당히 근접해 있으므로 어쩌면 이후라도 절대 음감을 획득할 수 있을지도 모른다. 관련 연구의 결과가 기대된다.

8~10세 | 어학
영어 교육은 빠를수록 좋다?

🔴 영어 학습, 8~10세가 최선

언어 발달은 8~10세에 정점을 맞이한다. 이는 모국어의 발달 과정을 보면 분명하다.

초등학교 저학년까지는 어딘가 어설프던 말투가 열 살 전후가 되면 급속도로 유창해져 어른 못지않게 이야기를 하게 된다.

또 선생님과 어른에게는 존댓말을 쓰는 등, 상대방에 따라 단어와 어조를 구별해서 사용하는 능력이 발달하는 것도 이 시기다.

언어 능력이 종합적으로 향상되는 8~10세는 외국어 습득에 있어서 일대 전환점이 된다.

이 시기에 영어권 국가에서 살았거나 국내에서 영어 듣기와 말하기를 적극적으로 공부한 아이는 훗날 영어 실력이 뛰어날 가능성이 아주 높다.

우리 부모 세대의 영어 교육은 중학교에 들어가서야 시작되었고 주로 문법을 중심으로 이루어졌다. 영어 습득에 어려움을 겪는 것이 당연하다. 소리와 언어를 익히기 쉬운 시기를 지나쳐 버렸기 때문이다.

성인이 이중 언어 사용자에 가까운 실력을 갖추기 위해서는 수백 시간에 달하는 학습량이 필요하다. 그만큼 영어 교육은 시작하는 시기가 중요하다.

최근 일본 공교육에서는 열 살부터 영어 학습을 시작하는 것으로 정책의 변화가 시도되었다. 정부의 이런 결단은 뇌의 성장 특성을 고려한 것이다. 욕심 같아서는 2~3년 더 빠른 편이 좋겠지만 환영할 만한 일이다.

특히 듣기와 말하기 실력을 높이고 싶다면 언어 능력의 발달이 최고조에 달하는 8~10세 시기에 시작하는 것이 효과적이다.

🔴 0세 영어 교육, 아이를 위해서? 부모를 위해서?

일부 부모들 사이에서는 '초(超) 조기 영어 교육'이 유행이다. '빠르면 빠를수록 좋다.'고 해서 0세부터 영어 회화 학원에 다닌다는 것이다.

물론 이런 교육을 받은 아이들 대부분은 어느 정도 영어 회화를 할 수 있게 된다.

하지만 긴 안목으로 아이의 성장을 보았을 때 이런 조기 교육이 어느 정도 의미가 있는지는 아직 알 수 없다. 다시 말해 들인 돈이나 시간만큼 효과가 있는지 어떤지 확실하지 않은 것이다.

오히려 언어 능력을 관장하는 뇌 속 네트워크가 불완전한 상태에서 이루어진 강제적인 영어 학습은 아이에게 불필요한 스트레스를 주게 된다. 성장기 아이가 느끼는 스트레스는 어른과는 달리 성장 자체를 방해하는 요인이 될 수 있다.

이런 상황을 감안하면 '아이가 나중에 영어를 유창하게 말할 수 있으면 좋겠다.'고 생각해도 영어 학습에 쏟을 시간을 음악에 할애하는 편이 훨씬 낫다.

음감, 리듬감, 운동 능력을 키우는 동시에 언어 능력의 토대까지 쌓을 수 있기 때문이다.

> 10세~사춘기 : 사회성·커뮤니케이션 능력

누구와 만나, 어떻게 지내는가

🗨 아기들은 같이 놀지 않는다?!

뇌의 영역 중에는 사춘기가 되어야 비로소 급격히 성장하는 부분이 있다.

바로 커뮤니케이션이나 대인 관계와 관련된 부분이다.

물론 사춘기 전이라고 해서 해당하는 뇌 영역이 전혀 발달하지 않는 것은 아니다.

태어나자마자 아이는 엄마와 커뮤니케이션을 시작한다. 그리고 가족, 친구 순으로 대상의 범위가 넓어진다. 하지만 10세 무렵까지는 상당히 한정적이라고 할 수 있다.

한두 살 먹은 아이들은 친구와 같은 방에 있어도 함께 놀지 않는다. 서로 자기가 좋아하는 놀이를 하고 있는 경우가 많다.

어린 아이들은 아직 주변 사람과 커뮤니케이션을 할 수 있는 능력을 갖추지 못했기 때문이다.

유치원이나 학교 같은 집단 생활을 거치며 점차 사회성을 배워 나가지만 성인 수준까지 달하려면 열 살 이후인 사춘기가 되어야 한다. 이 시기에야 비로소 뇌 속에서 커뮤니케이션을 담당하는 영역이 발달한다.

요즘 공원을 산책하다보면 종종 친구들끼리 모여 있긴 하는데 서로 말도 안 하고 게임만 하는 초등학생이나 중학생 무리를 본다. 커뮤니케이션 능력을 쉽고 빠르게 키울 수 있는 시기에 정말 안타까운 노릇이다.

친구와 놀거나, 학교 동아리에서 활동하거나 가까운 어른이나 나이 어린 동생들과 소통하는 일도 커뮤니케이션 능력을 기르는 데 소중한 경험이 된다.

요즘 남자아이들은 거의 대부분 게임을 한다. 남자아이는 여자아이에 비해 커뮤니케이션 능력이 떨어진다는 사실을 고려할 때, 남자아이의 부모는 더 의식적으로 다른 아이들과 교류할 기회를 마련해 주어야 한다. 특히 **초등학교 고학년부터 중학생 시기에 걸쳐서는 다양한 연령과 성별의 사람들과 대화해 볼 기회를 만들어 주는 것이 좋다.**

🔴 사회가 요구하는 커뮤니케이션 능력

다른 능력과 마찬가지로 커뮤니케이션 능력도 열네 살이 넘으면 상당히 노력해야 키울 수 있다. 그에 따른 정신적인 스트레스도 만만치 않다.

2016년 일본 경제단체연합회는 '대졸 신입 채용에 관한 설문조사 결과'를 발표했다. 기업들이 인재 선발에서 가장 중시하는 요소 1위는 커뮤니케이션 능력(85.6퍼센트)으로 12년 연속 1위를 차지했다. 4위인 협동성(46.3퍼센트)까지 감안하면 기업이 얼마나 커뮤니케이션 능력을 중시하는지 알 수 있다. 커뮤니케이션 능력이 충분히 길러지지 않은 젊은이가 많다는 반증일수도 있다. 반면 외국어 능력이나 학업 성적은 각각 5.4퍼센트, 4.8퍼센트에 그쳤다.

10~14세 무렵의 아이들은 학업 부담이 상당히 크다. 또 사춘기나 반항기를 겪는 시기이므로 타인과의 교류나 만남 자체를 싫어하는 경우도 많다.
하지만 이 시기를 어떻게 보내느냐는 아이의 미래에 막대한 영향을 미친다. 나중에 노력하면 얻을 수 있는 어학 실력이나 학업 성적보다 더 중요한 커뮤니케이션 능력을 키울 수 있기 때문이다.

인재 선발에서 기업이 중시하는 요소

순위	요소	비율
1위	커뮤니케이션 능력	85.6%
2위	주체성	60.1%
3위	도전 정신	54.0%
4위	협동성	46.3%
5위	성실성	44.4%
6위	책임감	27.4%
7위	논리성	27.2%
8위	잠재적 가능성	20.8%
9위	리더십	20.5%
10위	유연성	6.8%
11위	창조성	14.2%
12위	직업관·근로 의식	14.1%
13위	신뢰성	12.5%
14위	전문성	10.7%
15위	일반 상식	8.0%
16위	외국어 능력	5.4%
17위	학업 성적	4.8%
18위	출신 학교	3.0%
19위	윤리관	3.0%
20위	감수성	2.3%

출전 : 일본 경제단체연합회 '대졸 신입 채용(2015년 4월 입사대상)'에 관한 설문조사 결과에서 20항목 발췌

성장기 뇌
관찰 보고서

🍥 뇌 성장의 터닝 포인트

재능과 능력에 따라 성장하기 쉬운 시기가 왜 이토록 명확하게 구별되는 것인가? 뇌 의학적인 측면에서 이유를 찾아보자.

아이의 재능이 자라기 쉬운 시기는 뇌 속의 '뉴런'이라고 불리는 특별한 세포들이 서로 연결되는 방법으로 결정된다. 그렇다. 앞에서 설명한 '도로'가 바로 이 뉴런 간의 연결고리인 셈이다.

'보다, 읽다, 듣다' 같은 활동으로 얻은 정보나 '운동하다, 생각하다, 느낀다, 기억한다' 같은 활동은 뉴런의 상호 연결을 통해 각각 뇌 속의 담당 영역으로 전달된다.

뇌 속의 도로가 건설되는 순서를 다시 한 번 살펴보자.

① 처음에는 무조건 도로를 많이 건설한다.
② 실제로 도로를 사용해 본다.
③ 쓰지 않는 도로는 제거한다.

계속 쓰지 않는 '뇌 속 도로'는 결국 제거된다!

우선은 뇌 안에서 정보가 전달되는 길을 무조건 많이 만들어 네트워크를 구축한다. 이 과정은 생후 발달의 일정 단계까지 계속 진행된다.

그리고 어느 시기부터 도로 정리가 시작된다. 1장에서는 '쓰지 않는 도로는 제거한다.'고 설명했지만 실제로는 그와 동시에 자주 쓰는 길을 고속도로처럼 튼튼하게 재정비하는 작업도 이루어진다.

앞서 소개한 패트리시아 쿨 교수의 연구를 좀 더 자세히 살펴보면 갓난아기는 생후 6~8개월까지 어느 나라 말이든 듣고 구별할 수 있는 능력이 있다. 그러다가 10~12개월 무렵부터는 모국어 이외의 언어 구별이 어려워진다. 사용하지 않는 외국어 도로가 제거되는 대신 모국어의 청취 능력이 급속도로 향상되는 것이다.

예를 들어 일본어를 사용하는 환경에서 자라는 아기는 10~12개월을 경계로 R과 L 발음을 구별하는 대신 일본어의 L소리를 좀 더 확실히 인식하게 된다. 굳이 R과 L 발음을 구별할 필요가 없는 환경이므로 뇌가 쓸데없는 수고를 덜고 더 효율적인 사용을 위해 영어 발음을 구별하는 도로를 제거하고 일본어 사용 도로를 정비하는 것이다.

영어를 사용하는 환경에서 자라는 아기라면 정반대 상황이 벌어질 것이다.

 이런 이야기를 들으면 부모는 역시 유아기의 영어 학습이 효과적이라고 판단할 수 있다.
 '정확한 영어 발음을 습득하려면 역시 0세부터 영어 회화를 배우는 편이 좋다.'고 생각하는 것이다. 하지만 이 시기에 영어 발음 습득에 집착할 필요는 전혀 없다.
 실제 아이를 이중 언어 사용자로 키우는 가정에서도 집에서는 한쪽 언어를 기본으로 삼는 경우가 많다.

 이중 언어 사용자가 되면 어떤 개념을 두 가지 언어로 이해할 수 있지만 자칫 각각의 언어를 깊이 있게 이해하고 사용하기 어려워 양쪽 모두가 불완전해지기 쉽다는 단점이 있다.
 어릴 적부터 외국어 교육에 힘쓰기보다는 음악을 들려주면서 듣기 능력 자체를 기르는 편이 아이에게 부담을 주지 않고 종합적인 능력을 발달시키기 좋다.

🍄 왜 재능의 종류에 따라 습득 시기가 달라질까?

시각과 청각(0세~) → 운동(3~5세) → 어학(8~10세) → 커뮤니케이션(10세~사춘기).

아이의 능력이 발달하는 순서는 그다지 일관성이 없어 보인다.

하지만 뇌가 성장하는 특징을 살펴보면 일정한 법칙을 이끌어낼 수 있다.

뇌의 발달, 즉 도로 건설은 '뒤에서 앞'으로 진행된다. 뇌는 뒷부분부터 만들어진다는 사실은 기존 연구를 통해 이미 증명되었다.

태어나자마자 발달하는 부분은 머리의 뒤쪽에 위치한 후두엽이다. 이곳은 **'사물을 본다'는 기능을 담당한다.**

처음에는 '밝다, 어둡다' 정도밖에 인식하지 못하던 갓난아기도 생후 1~2개월 정도면 형태나 색깔을 구별한다. 움직이는 것을 눈으로 쫓을 수 있는 시기는 4개월 정도부터다.

생후 반년 정도면 낯을 가리기 시작하는데 이때가 되면 엄마의 얼굴과 타인의 얼굴을 구별할 수 있다.

시각의 발달은 초등학교에 들어가기 전까지 계속 진행된다.

시각과 같은 시기에 발달하는 것이 **'소리를 듣는'** 능력이다. 청각은 뇌의 중간 부분에 위치한 측두엽에서 관장한다.

갓난아이는 소리가 울리는 장난감에 흥미를 보이지만 어른처럼 다양한 소리를 구별하지는 못한다. 서로 다른 소리를 구별하려면 생후 반년 전후까지 자라야 한다.

여러 소리 중에서 사람의 말소리를 구별하고 이해하는 시기는 9~12개월 무렵이다. 이 시기는 모국어의 듣기 능력이 발달하는 때와 거의 겹친다.

이렇게 말소리를 판별할 수 있게 되면 같은 측두엽 안에서도 **기억**과 관련된 부분이 발달하기 시작한다. 이전 단계에서는 그저 '듣고 구별하는' 상태였지만 이때부터는 '엄마' '맘마'처럼 자주 듣는 단어를 기억하고 입 밖으로 소리 내서 말하게 되는 것이다.

같은 측두엽이라도 이처럼 정해진 순서에 따라 기능이 발달하게 된다.

다음으로 발달하는 부분은 두정엽이다. 두정엽은 말 그대로 뇌의 윗부분에 위치한다. 이에 속한 감각령(感覺領)은 촉각이나 온도 감각과 같은 **촉감**을, 운동령은 **몸의 움직임**을 담당한다.

감각령이 발달하면서 갓난아기는 오감 중에서도 특히 피부 감각에 민감해진다. 즉 자신이 어떤 행동을 하고 있는지 스스로 파악하는

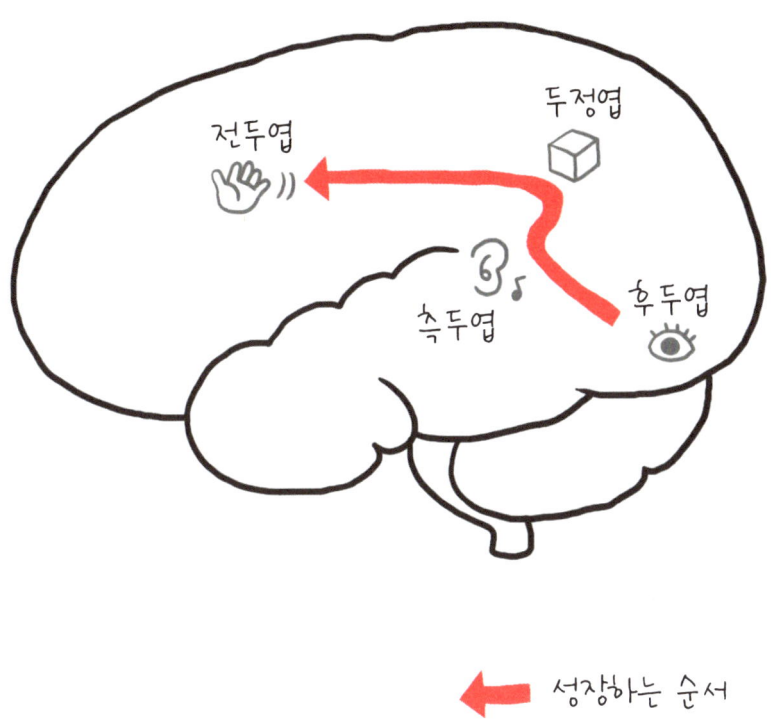

뇌는 뒷부분부터 발달한다

능력이 발달하는 것이다.

　동시에 운동 신경도 발달하므로 점점 더 활발하게 돌아다닌다. 갓난아기는 뒤집기부터 시작해서 앉기, 기어 다니기를 거쳐 두 발로 서게 된다. 이런 운동 신경 발달의 흐름은 근육뿐만 아니라 뇌도 자극하게 된다.

　세 살 무렵부터 시작되는 교치 운동의 발달 기간은 두정엽 성장의 연장선상에 있다고 할 수 있다.

　뇌에서 가장 나중에 발달하는 곳이 전두엽이다. 그중에서도 '전두전야'라는, 고차원적 인지 기능을 담당하는 부분은 가장 마지막에 발달한다.

　고차원적 인지 기능은 생각하고, 판단하고, 계획하고, 결정하고, 통찰하고 타인과 소통하는 능력이다.

　그중에는 '하고 싶지 않은 일을 참고 한다.' '금지된 일은 하지 않는다.' 같은 기능도 있다.

　이 전두전야는 10대가 된 이후에도 계속 발달한다. 아이가 초등학생이 될 때까지도 고차원적 인지 기능은 충분히 자라지 않는다는 뜻이다.

　따라서 초등학교 고학년이 준비하는 중학교 입시는 계획성이나 인내심을 훈련할 수 있는 좋은 기회가 될 수 있다. 반면 개별적인 성장 정도에 따라서는 감당하기 힘든 부담이 될 위험도 있다.

한편 전두전야가 발달하면 배려심과 동정심을 발휘하며 고도의 인간관계를 쌓을 수 있게 된다.

어린 아이들은 흔히 벌레 다리를 비틀거나 개미집을 묻어 버리는 등, 어른의 눈으로 보면 잔인하기 짝이 없는 일을 아무렇지 않게 한다. 하지만 전두전야가 발달하면서 주변의 생명체들을 어떻게 대해야 하는지에 대한 올바른 태도를 빠른 속도로 배워간다.

전두전야는 이렇듯 가장 마지막에 발달하는데, 반대로 위축이 시작되는 시기는 가장 빠르다.

따라서 치매에 걸리면 고차원적 인지 기능이 먼저 영향을 받고, 다음으로 타인과의 커뮤니케이션이나 사물에 대한 판단과 기억에 지장이 생긴다.

한편 청력과 시력은 눈이나 귀 자체의 노화로 인해 쇠약해지는 경우는 있지만 해당하는 뇌의 영역까지 변화하는 것은 한참 더 뒤의 일이다.

결국 뇌는 뒤부터 만들어지고 앞부터 망가지는 것이다.

🔴 뇌의 발달과 '좋고 싫음'

도감과 관련해서 아이가 좋다, 싫다는 감정을 스스로 느끼고 판단하기 전에 호기심의 씨앗을 뿌려 두자고 했다.

이 '좋다, 싫다'는 감정은 일명 '감정의 뇌'라 불리는 대뇌변연계(大腦邊緣系)가 담당한다.

대뇌변연계는 뇌의 안쪽 부분에 위치하고, 진화 과정에서 모든 포유류가 획득했기 때문에 '포유류의 뇌'라고도 불린다.

개나 고양이도 대뇌변연계가 있다. 반려동물을 키우다보면 개나 고양이도 자기가 좋아하는 가족이나 장소가 있다는 사실을 알 수 있다. 당연한 이야기지만 먹이를 챙겨 주는 사람을 제일 좋아하고 꼬리를 잡아당기며 장난치는 아이들은 싫어한다.

동물도 후천적으로 주어진 환경에 의해 '좋다, 싫다'의 감각이 발달하는 것이다.

갓난아기의 뇌 속에서 대뇌변연계가 발달하는 것은 비교적 이른 시기로 후두엽보다 약간 늦는 정도로 추정된다.

따라서 도감이나 악기도 3~4세 무렵부터는 시작하는 편이 좋다고 할 수 있다.

물론 그 밖에도 자녀가 꼭 좋아하기 바라는 대상이 있다면 아이에게 부담이 되지 않는 선에서 이른 시기에 접하게 하면 좋다.

성장기 아이에게 부모가 줄 수 있는 최고의 선물

🔴 '현명한 아이'를 키우는 부모의 역할

뇌 의학적인 측면에서 아이의 성장을 보면 부모가 반드시 해야 할 역할이 있다는 사실을 알 수 있다. 첫째는 '호기심의 씨앗을 뿌릴 것', 둘째는 아이가 '성장하기 쉬운 시기를 놓치지 않도록 도움을 줄 것'이다.

부모의 도움으로 길러진 '호기심'은 아이에게는 소중한 자산이다. 평생에 걸쳐 아이의 인생을 지켜 줄 든든한 지원군이 된다.

도감의 경우 아이의 흥미가 굳어지기 전에 다양한 종류를 갖추어 두자.

교치 운동 능력이 발달할 무렵에는 다양한 경험을 할 수 있도록 도와주고, 아이가 좋아하는 악기나 운동을 찾아내자. 아이에게 흥미를 가지게 하고 싶다면 부모가 솔선해서 먼저 해 보자.

아이가 몰두할 수 있는 대상을 찾았다면 아이의 '하고 싶은 마음'을 물심양면으로 지원해 주자. 아이에게 도감을 읽어 줄 수도 있고 학원을 함께 다닐 수도 있다.

'시킨다'는 자세가 아니라 아이가 꾸준하게 열심히 할 수 있도록 옆에서 '격려하고 응원해야' 한다.

아빠와 엄마가 나를 응원하고 있다. 그렇게 느끼기만 해도 아이는 좋아하는 일에 마음껏 빠져들 수 있다.

🔴 영원히 성장하는 뇌

연령별로 뇌의 발달 과정에 맞추어 아이의 능력을 길러 주자고 하면 많은 부모들이 묻는다.

'우리 아이는 벌써 네 살이 넘었는데 음악을 시작하기에는 너무 늦은 것 아닐까요?'

'열 살 넘어서 영어를 가르쳐도 효과가 있을까요?'

적정 연령을 넘겼다고 해도 절대 포기하지 말자. 뇌는 몇 살이 되어도 새로운 정보에 접촉하면 그대로 반응하고 성장한다.

아이의 뇌는 우선 많은 도로를 건설한 뒤, 자주 쓰는 도로는 튼튼히 정비하고 쓰지 않는 도로는 폐쇄하면서 자신의 능력을 키워 나간다. 몇 살이 되더라도 이와 유사한 발달 과정이 일어난다. 어른도 노인도 예외가 아니다.

성인이 된 이후에 영어를 공부해도 노력 여하에 따라 충분히 습득할 수 있는 이유다.

물론 효율성은 다르다. 나이가 들수록 가소성의 범위가 줄어들기 때문이다.

이중 언어 사용자가 되기 위해 어릴 때 영어를 습득하면 뇌 자체가 '최적화'된 시기에 영어를 흡수하기 때문에 비교적 단시간 내에 목표를 달성할 수 있다. 물살이 빠른 유수풀에서 수영을 하면 빨리 나아갈 수 있는 것과 마찬가지다.

한편 사춘기가 지나 영어 실력을 키우는 것은 일반 수영장에서 헤엄치는 것과 같다. 앞으로 나아가려면 계속 수영을 해야 하지만 '헤엄치면 전진한다'는 사실은 변하지 않는다.

스키도 마찬가지다. 4~5세 아이는 짧은 시간 안에 탈 수 있게 되지만 성인은 미끄러질 수 있을 때까지 어느 정도 연습이 필요하다.

하지만 포기하지만 않으면 대부분 기술을 구사할 수 있게 된다.

속도와 효율성에 차이는 있지만 몇 살이 되어도 새로운 능력을 익힐 수 있다. 이것은 정말 희망적인 이야기다. 우리가 포기하지만 않으면 뇌는 얼마든지 성장한다.

어른도 그런데 하물며 아이가 몇 년 늦었다고 무언가 배우기를 체념할 필요는 절대 없다. 열 살부터라도 피아노를 시작하면 되고, 열다섯 살이 넘었어도 충분히 야구를 배울 수 있다.

물론 세계 제일의 피아니스트가 되려면 엄청난 노력이 필요하고, 올림픽 금메달을 목표로 삼는 것은 현실적이지 않을 수 있다. 하지만 뇌에게 무의미한 것은 하나도 없다. 무언가를 시작한 그날부터 뇌는 다시 새로운 능력을 획득하기 위해 성장하기 시작한다.

🍓 중도 포기한 배움도 아이의 재산

또 한 가지, 아이의 학습에 관해 부모들이 많이 고민하는 것이 있다. '힘들여 배웠는데 제대로 익히기도 전에 그만두고 말았다.'는 것이다.

 하지만 괜찮다. 절대 실망할 필요 없다. 그 1~2년 동안 배운 경험이 활용될 시기가 반드시 찾아온다.

 피아노라면 '영어 듣기를 잘한다'는 형태로 나타날 수 있다. 피아노의 리듬감이 도움이 되기 때문이다. 또 어른이 된 다음 취미로 다시 피아노를 시작할 수도 있다.

 특히 어렸을 때 배운 것을 성인이 된 후 취미로 다시 시작하는 일은 상당히 의미가 있다.

 어른이 되어서 완전히 처음 접하는 활동을 취미로 시작하려면 어려움이 따른다.

 다만 1~2년이라도 어릴 때 배운 적이 있으면 고생하지 않고 다시 시작할 수 있다. 성인의 취미 활동은 새로운 만남을 만들고, 치매 위험을 낮추는 효과도 크다.

 한 번이라도 배운 적이 있는 취미 활동은 아이의 평생을 더욱 건강하고 풍요롭게 해 준다. 그렇게 생각하면 아이가 도중에 그만두어도 그다지 아깝지 않다.

나는 요즘 피아노에 푹 빠져 매일같이 건반을 두드리고 있다. 초등학교 때 잠깐 배우다가 그만두었는데 새삼 다시 즐기고 있다. 동시에 아들이 음악에 대한 친근감을 느낄 수 있는 기회로 활용하고 있다.

부모가 과거에 배운 것이 아이의 성장에 도움이 되는 예라고 할 수 있다.

여러분도 어릴 적 배운 악기를 지금 다시 연주해 보면 어떨까?

외동아이 vs 형제자매

🔴 외동아이의 호기심 키우기

호기심 키우기는 요령만 알면 어렵지 않지만 성공하려면 어느 정도 시간이 걸린다.

아이의 호기심이 어디에 있는지, 무엇에 흥미를 느끼는지, 잘하는 것은 무엇인지를 알아야 한다. 적절한 시기를 놓치지 않고 아이의 재능을 최대한으로 키워 주려면 역시 부모가 아이를 잘 관찰해야만 한다.

그런 면에서 외동아이는 이점이 많다.

아이가 하나뿐이므로 여유롭게 또 자세히 살펴서 호기심의 싹을 찾아 줄 수 있다.

흔히 외동아이가 형제자매가 있는 아이에 비해 협동심과 인내심 같은 사회성이 뒤떨어진다고 걱정한다. 하지만 앞서 살펴보았듯 이런 커뮤니케이션 능력이 본격적으로 발달하는 것은 사춘기 전후에 해당한다. 외동아이도 학교 생활을 통해 충분히 키울 수 있으므로 지나치게 걱정하지 않아도 된다.

🍥 형제자매의 호기심 키우기

형제자매가 있으면 다양한 호기심을 키울 수 있다는 장점이 있다.
다른 아이가 흥미를 가진 대상에 덩달아 재미를 느낄 수 있고 늘 비교할 수 있는 대상이 있으므로 아이마다 흥미 있고 없는 것을 부모도 구별하기 쉽다.

단 외동아이에 비해 한 아이에게 나누어 줄 수 있는 시간은 아무래도 줄어든다. 자칫 부모의 시선이 닿지 않아 아이마다 다른 독자적인 '호기심의 싹'을 놓칠 가능성도 있다.

결국 외동아이도, 형제자매가 있는 아이도 호기심을 키우는 데는 장점과 단점이 모두 있다.

그러므로 현재의 환경에서 그 아이에게 해 줄 수 있는 것을 고심하자.

노력은 해도 무리는 하지 않는 편이 좋다.

부모의 여유로운 자세가 아이를 더욱 무럭무럭 자라게 하는 비결이다.

아이는 부모를 뛰어넘을 수 있을까?

🟥 '꿈을 이루는 아이'의 공통점

호기심 가득한 아이들은 꿈도 다양하다.

비행기 조종사가 되고 싶다.
축구선수가 되고 싶다.
의사가 되고 싶다.

요리사가 되고 싶다.

아이돌이 되고 싶다.

어른들은 이런 아이들을 보며 '언젠가 좀 더 현실적인 목표를 가지겠지.' '그런 꿈을 꾸다니, 아직 어리군.'이라며 무시하기 쉽다.

하지만 이 꿈이야말로 아이의 호기심을 더 키워나갈 수 있는 기회다.

아이가 장래 희망을 얘기하면 부모도 함께 그 직업과 관련이 있는 다양한 체험을 해 보자.

나중에 정말 그 일을 하게 될지 알 수는 없지만 아이가 그때그때 느끼는 흥미를 키우는 것이 무엇보다 중요하다.

비행사가 되고 싶어 한다면 비행기 도감을 사 주는 것뿐 아니라 공항에 가서 실제 비행기가 이착륙하는 모습을 함께 지켜보자.

방학이나 휴가 때 비행기를 타고 여행을 가거나 비행기 부품을 제조하는 공장에 견학을 가는 것도 아이에게 좋은 자극이 된다. 공장에 견학을 가면 비행기의 구조를 직접 눈으로 보고 배울 수 있으며 그곳에서 일하는 사람들의 모습도 볼 수 있다.

이 모든 체험을 함께 하면서 '비행사가 되려면 말이야……' 하고 꿈을 이룰 수 있는 경로를 간단히 알려 주면 아이는 다양한 체험에서 한층 더 보람을 찾을 것이다.

아이가 빵집 주인이 되고 싶어 하면 집에서 함께 빵을 만들어보자. 제과제빵에는 수학과 화학적 요소가 많이 포함된다. 먼저 저울로 정확하게 분량을 측정해야 하고 전체 양을 늘리려면 레시피 대로 비율을 맞추어야 하므로 자연스럽게 숫자 계산에 익숙해진다.

케이크를 만들 때 사용하는 베이킹파우더는 탄산가스를 발생시켜 반죽을 부풀리므로 화학 작용을 직접 체험할 수 있다.

'와! 부풀었다!' 하고 아이가 흥분하고 즐거워할 때 '반죽이 부푸는 구조는 화학 도감에서 본 적 있지?'라는 식으로 도감과 연결시켜 주면 더욱 흥미를 느낄 것이다.

아이의 '꿈'에서 '배움'으로 얼마든지 확장시켜 나갈 수 있다.

🔴 최후의 승자는 '자신감 있는 아이'

부모가 응원하는 아이는 자신감이 넘친다. 그리고 자신이 세운 목표를 향해 스스로 노력한다. 학교 시험도 '파일럿이 되려면 성적이 좋아야 한다.'고 동기 부여가 되므로 스스로 공부할 것이다.

부모에게 '공부 좀 하라.'고 잔소리를 듣는 아이와 의욕부터 차이가 날 수밖에 없다.

'커서 ○○이 되고 싶다.'는 꿈을 가진 아이는 그 꿈을 이루기 위해 스스로 노력한다. 스포츠 선수든 아이돌 가수든 무엇이든 좋다. 도중에 그 꿈이 완전히 다른 것으로 바뀌어도 꿈을 이루기 위해 열심히 노력한 경험은 결코 헛되지 않을 것이다.

🧠 뇌와 유전

뇌의 발달은 일반적으로 70퍼센트 정도가 유전으로 결정된다고 한다.

그래서인지 많은 사람들이 아이의 재능은 유전에 좌우된다고 생각해서 미리부터 포기한다.

'우리 아이는 예술적 감각이 전혀 없다. 나를 닮아서 그렇다.'

'부부가 모두 문과인데 아이가 의사가 되기는 어렵지 않을까?'

하지만 절대 그럴 필요 없다.

뇌 부위에 따라 유전의 영향은 서로 다르다. 특히 학습과 기능, 사고방식과 관련된 부분일수록 유전의 영향이 상대적으로 크지 않다

아이의 재능을 키우는 것도 멈추는 것도 부모 하기 나름

는 사실이 밝혀졌다.

앞에서도 설명했듯이 뇌는 기본적으로 뒤쪽에서 앞을 향해 발달한다. 발달이 빠른 뒷부분일수록 유전의 영향을 받기 쉽다.

예를 들어 태어나자마자 발달하는 후두엽은 시각을 담당하는 영역이다. 이 부분은 80~90퍼센트가 유전에 의해 결정된다고 알려져 있다.

청각을 관장하는 측두엽의 일부도 생후 즉시 발달하고, 역시 유전적인 요소가 큰 부위다.

한편 '사고, 판단, 계획, 창조, 커뮤니케이션' 등 인간답게 살아가기 위해 필요한 고차원적 인지 기능을 담당하는 전두엽은 뇌의 앞쪽에 위치한다. 발달이 최고조에 달하는 시기도 비교적 늦어서 중학생 때까지도 계속 성장하는 부분이다. 따라서 환경의 영향을 크게 받기 때문에 유전적인 요소는 절반 정도라고 한다.

학업 성적이나 장래 직업을 생각했을 때 성공 여부와 가장 관련이 큰 것은 다름 아닌 전두엽이다. 앞서 설명했듯이 고차원적 인지 기능을 담당하는 전두엽이 충분히 발달하면 아이는 자신의 꿈을 이룰 수 있는 것이다.

따라서 부모의 두뇌는 아이에게 그다지 영향을 미치지 않는다. 극단적으로 말하자면 공부가 싫어서 평생 공부와는 담을 쌓았던 부모에게서 공부가 제일 재미있는 우등생 자녀가 태어나도 하등 이상할 것이 없다.

반대의 경우도 충분히 가능하다.

부모의 성적이 좋으면 아이도 공부를 잘한다는 가설은 유전적 측면에서는 성립하기 어렵다.

🔴 부모의 경제력이 아이의 학력을 결정한다?

'부모의 수입이 높을수록 아이의 성적이 좋다.'는 가설은 다양한 기관에서 조사를 통해 입증되었다. 하지만 핵심은 경제력 자체보다 **아이에게 다양한 경험을 시켜 주었는가**라고 할 수 있다.

경제적으로 여유가 있다면 아이를 피아노 레슨이나 체조 교실에 보낼 수 있다. 다양한 체험은 호기심의 차이를 부르고 나아가서 학력의 차이를 낳는다.

어디까지나 **본질은 '호기심의 차이'**다. 꼭 학원에 보내지 않아도 아이의 호기심을 충분히 길러 준다면 부모의 경제력은 상관없다.

'집안 사정을 감안하면 우리 아이는 이 정도가 충분하다.'는 생각은 당장 버려라.

돈을 들이지 않고도 호기심을 기르는 방법은 얼마든지 찾아낼 수 있다.

🔴 유전 vs 환경

부모가 예술적 감각이 전혀 없다면 아이는 예술가가 되기 어려울까? 호기심을 가진 아이는 부모와 상관없이 자신의 재능을 얼마든지 꽃피울 수 있다.

D씨는 유명한 화가다. 그의 형제자매는 모두 작곡가와 바이올리니스트로 세계적인 활약을 펼치고 있다. 이런 모습을 보면 대대로 예술가 집안이라고 생각하기 쉽지만 그들의 부모는 모두 학자들이다.

화가는 한 인터뷰에서 이런 이야기를 했다. 어릴 적 자주 집안의 벽이나 방문에 낙서를 했는데 어머니가 야단치기는커녕 기뻐하며 캔버스 대신 마음껏 그리라고 격려했다고.

부모가 아이들의 호기심을 키울 수 있는 환경을 마련해 주고 예술적인 재능을 꽃피우게 한 좋은 사례다.

스포츠처럼 체격과 몸매가 중요한 경우는 어느 정도 유전에 따른 유불리가 있을 수 있다. 하지만 대부분의 재능은 후천적으로 키울 수 있다.

이 아이와 저 아이를 비교하기 전에

🍓 형제자매 간의 능력차

부모와 자녀의 뇌 유전과 관련해서 이번에는 형제자매의 뇌도 살펴보자.

부모자식이나 형제자매는 외모가 서로 닮듯이 뇌의 모양도 유사하다.

실제 어느 부자의 뇌 영상을 비교한 적이 있는데 역시 닮았다는 인상을 받았다. 세부적인 요소보다는 전체적인 형상이 비슷한 느낌이었다.

예외는 일란성 쌍둥이다. 일란성 쌍둥이의 경우 유전자가 동일하므로 뇌도 같은 설계도로 만들어진다.

하지만 지금까지 설명한 대로 자라난 환경과 호기심에 따라 뇌는 다르게 변화한다. 그러므로 뇌의 설계도가 동일한 일란성 쌍둥이도 성장함에 따라 점점 그 아이만의 독자적인 특징이 나타나게 된다.

형제자매의 경우 첫째와 둘째는 가정에서 자라는 환경이 크게 다르다. 첫째 아이 때는 신경질적일 정도로 세심하게 육아에 집중하던 엄마도 둘째, 셋째가 되면 요령 있게 적당히 하는 경우가 많다.

어떤 아이든 태어난 시점에 이미 자신이 선택할 수 없는 환경 요인이 존재하는 것이다.

자녀가 여럿인 엄마는 종종 이런 고민을 한다.

'똑같이 키웠는데 왜 다를까? 형은 저렇게 똑똑한데 동생은 어째서?'

형제가 닮기는 했지만 서로 다른 뇌 구조를 가지고 있으므로 차이가 생기는 것은 당연하다.

게다가 한쪽이 형이고 다른 한쪽은 동생인 이상, 엄밀히 말해서 '똑같이 키웠다.'는 불가능하다. 뇌의 설계도도, 자라난 환경도 다른 형제를 '똑같이 키우려고 했기 때문에' 오히려 능력에 차이가 생긴다고 할 수 있다.

아이마다 각각 적합한 방법을 찾아 활용하면 아이 자신이 가진 고유한 능력을 키울 수 있다.

그러므로 부모는 아이를 잘 관찰하고 아이 각자의 호기심이 어디에 있는지, 어떻게 도와서 키워나갈지 늘 고민해야 한다.

냉혹하게 들릴지 모르지만 결국 아이의 능력이 자라는 것도, 자라지 못하는 것도 부모 하기 나름이다. 그 아이에게 알맞은 방법을 찾아 준다면 아이는 잠재력을 마음껏 발휘하며 성장할 것이다.

출발점은 아이가 가진 호기심의 씨앗을 찾아주는 일이다.

🍓 성장 속도와 명석한 두뇌는 관계없다!

아이의 발달이 빠를수록 좋은 것은 아니다.

하지만 아이의 성장 속도에 민감하게 반응하는 부모들이 많다.

'누나는 두 살 때 벌써 유창하게 말을 했는데…….'
'같은 유치원의 ○○는 벌써 ○○를 한다는데…….'

특히 첫째가 딸이고 둘째가 아들인 가정에서는 남동생의 발달을 누나와 비교하면서 필요 이상으로 불안해한다. 하지만 전혀 걱정할 필요 없다.

뇌의 발달 속도에는 개인차가 뚜렷이 존재한다.

세 살에 함께 피아노를 시작했는데 금방 실력이 느는 아이와 1년이 다 지나도 여전히 바이엘만 치는 아이도 있다. 하지만 느리게 발전하는 아이가 결국 피아니스트로 성공을 하고, 일찍 실력이 발전한 아이는 흥미를 잃고 그만두는 경우도 종종 있다. 결국 성장하기 시작하는 시기와 능력은 관계가 없다.

뇌가 발달하고 성장하는 시기는 성별에 따라서도 차이가 난다. 나이로 계산하면 대개 한 살에서 한 살 반 정도 여자 아이의 성장이 더 빠르다.

뇌의 영역에 따라 차이는 있지만, 뇌의 발달과 능력은 밀접하게 연관이 되므로 '같은 활동이라도 남자 아이가 여자 아이보다 1년에서 1년 반 정도 늦게 습득하는 것'은 극히 자연스러운 일이다. 물론 발달 속도의 차이는 능력의 높고 낮음과는 관계가 없다.

이런 객관적인 사실을 이해하면 남자아이의 발달에 대한 걱정을 한결 덜 수 있다.

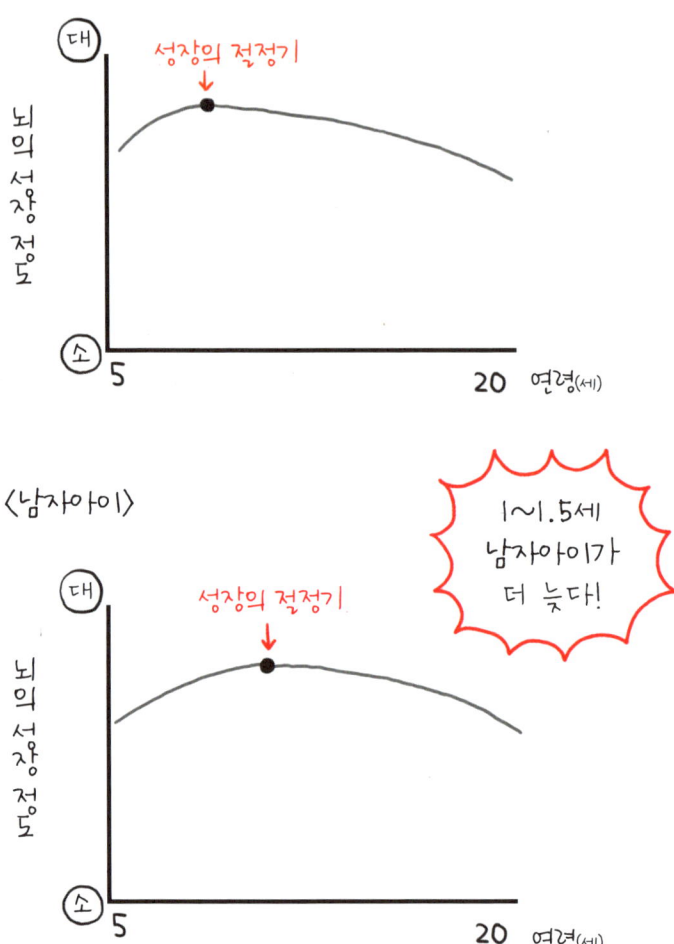

뇌의 성장 시기에는 '남녀의 차이'가 존재한다

🔴 남자와 여자, 뇌가 '다르게 생겼다'

발달 시기에 성별의 차이가 있듯 실은 뇌의 특징에도 남자아이와 여자아이는 차이가 난다.

남자아이는 남성의 뇌로 발달하고 여자아이는 여성의 뇌로 발달하는 것이다.

여성의 경우 언어를 담당하는 언어령의 부피가, 남성은 공간 인지를 담당하는 두정엽의 부피가 크다고 알려져 있다.

어디까지나 일반론이지만 여성은 커뮤니케이션 능력이 뛰어난 사람이 많고, 남성은 방향 감각이 잘 발달되어 공간 파악을 잘 하는 사람이 많다고 알려졌는데 이는 뇌의 특징과 일치한다.

결국 뇌의 성장 속도나 방향성은 성별이나 환경에 따라 모두 다를 수밖에 없다. 그러므로 다른 아이와 비교하면서 일희일비하는 일은 의미가 없다.

'저 아이와 비교해서 우리 아이는……'

'큰애는 동생하고 달리……'

이렇게 걱정할 시간에 아이의 호기심이나 성장을 꼼꼼히 관찰하는 편이 나을 것이다.

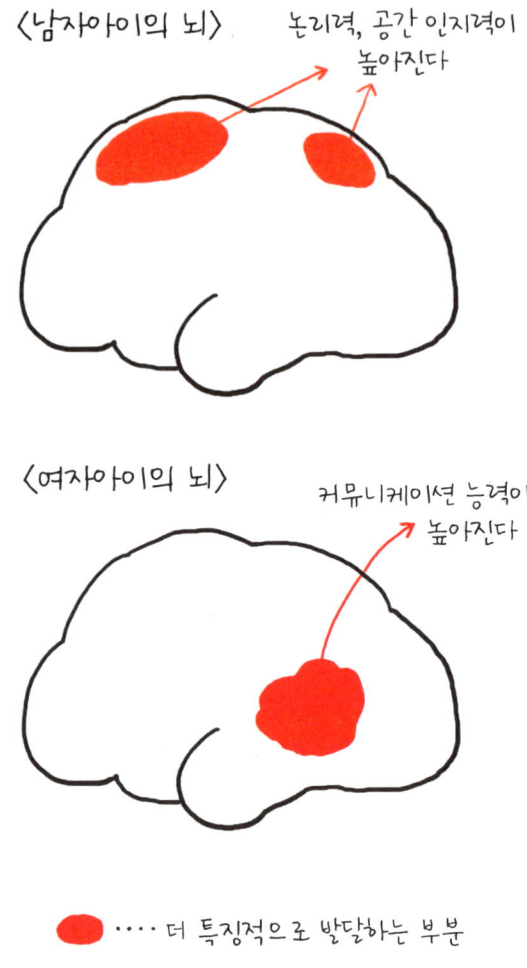

뇌가 발달하는 방식에도 '남녀 차이'가 존재한다

참고로 뇌는 어떤 한 부위의 이미지만 봐도 남자의 뇌인지 여성의 뇌인지를 알 수 있다. 그것은 좌우의 뇌를 연결하는 뇌량(腦梁)이다. 여성은 둥글고 두터운 모양을 한 반면 남성은 평평하게 길고 가늘다.

단 이 형태의 차이가 능력과 어떤 연관성이 있는지는 아직 밝혀지지 않았다.

5장
뇌를 쑥쑥 키우는 생활 습관

해마가 건강하게 자라는
생활 방식

'아침밥을 먹는 아이는 그렇지 않은 아이에 비해 성적이 높다.'

영국 카디프 대학교를 비롯해 세계 여러 기관에서 조사한 결과 이러한 사실이 명확하게 밝혀졌다.

아침밥뿐만 아니라 수면과 운동, 학습, 매일의 대화 같은 다양한 요소가 우리 뇌에 영향을 미친다. 호기심과는 별도로 뇌의 기능을 좌우하는 조건이 있는 것이다.

뇌의 기능을 좌우하는 조건, 그것은 간단히 말하면 컨디션이다. 머리가 좋은 아이는 뇌의 컨디션을 좋은 상태로 유지하는 생활 습

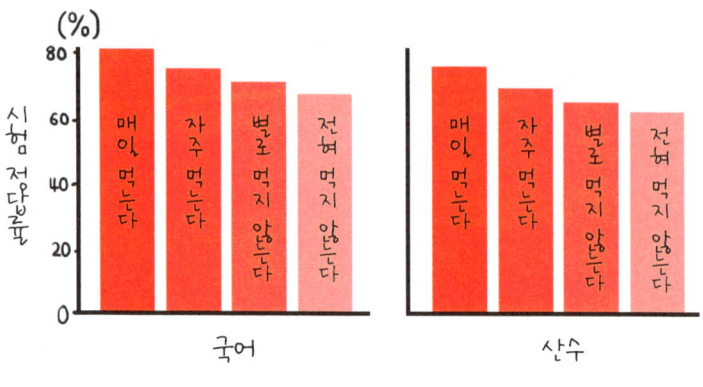

초등학교 6학년생의 성적과 아침 식사 빈도

관을 가진 경우가 많다. 반면 성적이 좋지 못한 아이는 뇌의 잠재력을 제대로 살리지 못하는 생활 습관을 가진 경우가 대부분이다.

만일 지금의 생활 습관이 뇌에 좋지 않은 영향을 미친다면 오늘부터라도 조금씩 고쳐 나가자. 아이의 능력을 더 발달시킬 수 있다. 생활 습관을 통해 도감이나 피아노 배우기, 운동 같은 '자극'에 더 효과적으로 반응하고 성장하기 쉬운 뇌로 바꾸어 갈 수 있다.

그렇다면 뇌의 컨디션을 최상으로 유지하는 생활 습관에는 어떤 것이 있을까?

잠이 부족하면
뇌가 쪼그라든다!

🧠 수면 부족이 뇌 성장을 방해한다

아이의 뇌 성장에서 빼놓을 수 없는 요소는 '충분한 수면'이다. 최근 연구를 통해 뇌의 사령탑이자 기억을 담당하는 해마(海馬)의 성장이 수면의 양에 분명히 영향을 받는다는 사실이 밝혀졌다.

인간의 뇌 속에 있는 신경 세포는 기본적으로 태어나서 죽을 때까지 계속 줄어든다.

하지만 해마만큼은 예외다. 해마는 새로운 신경 세포가 계속 생겨난다. 그리고 그 세포가 태어나는 속도는 환경과 생활 습관에 좌우된다는 사실이 최신 연구를 통해 밝혀졌다.

또한 충분한 수면 시간을 취하는 아이는 만성적으로 잠이 부족한 아이보다 해마의 부피가 크고 기본적인 기억력도 뛰어나다는 사실이 뇌 영상 분석을 통해 판명되고 있다.

잘 자는 아이일수록 해마가 잘 성장하고, 잘 못 자는 아이는 해마가 자라지 못한다. 그 첫 번째 이유는 스트레스다.

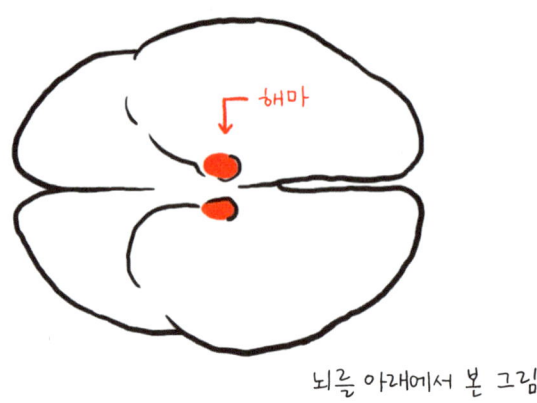

뇌를 아래에서 본 그림

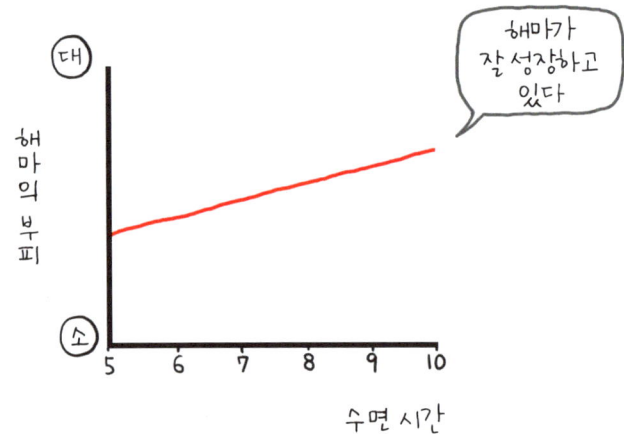

해마의 성장 정도와 수면 시간

짧고 불안한 수면은 본인이 자각하지 못해도 몸과 마음에 큰 스트레스를 준다. 즉 수면 부족 자체가 해마의 성장을 저해할 가능성이 있는 것이다.

그렇다면 얼마나 자야 할까? 개인차는 있지만 이해를 돕기 위해 다음 쪽에 미국 국립수면재단이 발표한 연령별 권장 수면 시간표를 첨부했다.

예를 들어 여섯 살짜리 아이의 권장 수면 시간은 9~11시간이다. 아침 7시에 일어난다면 거꾸로 계산해서 저녁 8시나 10시 무렵에는 잠들어야 해마가 문제 없이 성장할 수 있다.

특히 주의해야 할 점은 본인이 수면 부족이라고 자각하지 못해도 해마의 성장이 둔해진다는 사실이다.

밤늦게까지 깨어 있어도 졸리지 않다며 매일 밤 11시, 12시까지 잠들지 않는 아이들이 있다. 이런 아이들은 자신도 깨닫지 못하는 사이에 만성적인 수면 부족 상태에 빠진다.

결과적으로 뇌는 점점 더 기억과 학습에 적합하지 않은 상태, 즉 해마가 충분히 자라지 못하는 상태가 될 가능성이 크다.

실제 일본 후생노동성의 조사에 따르면 밤 10시 이후에 자는 아이

연령별 권장 수면 시간

연령	시간
신생아 (0~3개월)	14~17시간
유아 (젖먹이, 4~11개월)	12~15시간
유아 (어린아이, 1~2세)	11~14시간
미취학아동 (3~5세)	10~13시간
취학 아동 (6~13세)	9~11시간
청소년 (14~17세)	8~10시간
청년 (18~25세)	7~9시간
성인 (26~64세)	7~9시간
고령자 (65세 이상)	7~8시간

출전 : 미국 국립수면재단(연령 구분도 출전에 준한다)

들이 매년 증가하고 있다. 그 결과 4~5명 중 1명 꼴로 수면에 문제가 있다는 자료가 발표되었을 정도다.

수면 부족을 개선하면 뇌는 다시 성장한다. 만일 지금까지 아이가 제대로 수면을 취하지 못했다면 오늘부터라도 잠자는 시간을 충분히 확보해 주자.

아이들은 기초 체력이 뛰어나기 때문에 자신의 수면 부족에 둔감할 수밖에 없다. 곁에 있는 어른들이 제대로 관리해 주어야 한다.

한편 수면 시간이 길다고 뇌가 더 빨리 성장하고 해마가 자라지는 않는다. 아이를 매일 15시간 씩 재운다고 머리가 더 좋아지는 일은 없다.

수면 시간이 너무 길면 잠이 얕아지거나 밤중에 깨는 횟수가 늘어서 오히려 역효과가 날 수 있다.

연령별 적정 수면 시간을 기준으로 너무 오래 자거나 혹은 잠이 부족한 날이 거듭되지 않도록 주의해야 한다.

🔴 밤에 잠들지 못하는 아이를 위한 낮잠 기술

기운 넘치는 아이를 둔 부모의 흔한 고민 중 하나가 낮잠이다. 어린이집에서 낮잠을 자고 오는 날이면 밤늦게까지 잠들지 않아 힘들다는 것이다.

뇌의 성장을 생각하면 낮잠은 자도 안 자도 상관없다. 졸리면 자는 편이 좋지만 졸리지도 않은데 억지로 잘 필요는 없다.

단 '밤에 잠들지 못할 정도의 낮잠'은 피해야 한다. 밤의 수면은 해마를 성장시키는 기능도 있지만 하루의 기억을 정리하며 뇌에서 스트레스를 제거하는 중요한 시간이기 때문이다.

낮잠은 가능한 한 짧게 재운다. 그리고 방의 조명은 밝게 유지한다. 아이가 잔다고 주변을 너무 조용히 할 필요는 없다. 아이가 숙면에 빠지지 않게 하기 위해서다.

얕은 잠으로 살짝 피곤함을 없앨 수 있는 정도가 가장 좋은 낮잠이다.

잘 자지 못하는 아이일수록 밤에 제대로 잘 수 있는 '낮잠 방법'을 찾아보자.

🧠 잠들기 전 책 읽는 습관이 뇌를 살찌운다!

아이의 뇌를 더욱 현명하게 만들기 위해, 또한 부모와 아이가 함께하는 시간을 늘리는 기회로 잠들기 전에 책 읽는 습관을 권장한다.

어린 아이들은 엄마나 아빠 목소리를 들으면 안심하고 마음이 편안해지는 성질이 있다. 잠들기 전에 부모가 책을 읽어주면 아이는 편안한 마음으로 푹 잘 수 있다.

뇌 활동을 생각하면 책 읽어 주기는 청각령, 시각령, 언어령 등 다양한 부분을 자극한다.

초등학교 저학년 아이에게 책 읽어 주기는 말을 익히는 효과만 있는 것이 아니다.

소리를 익히거나 그림과 문장을 보고 아이 나름대로 상상을 펼칠 수 있다. 부모의 책 읽는 방법, 목소리 톤을 듣고 감정의 변화도 배울 수 있다. 이런 과정을 통해 아이의 뇌는 더욱 성장한다.

책을 읽어줄 때 아이가 질문을 하면 즉각 반응을 보이며 대답하자. 책의 줄거리에서 벗어난 이야기도 상관없다. 책을 빨리 읽는 것보다 아이의 호기심과 상상력을 키우는 일이 훨씬 더 중요하기 때문이다.

어떤 책이든 종류는 상관없다.

우리 집에서는 잠들기 전은 도감 읽는 시간으로 정했기 때문에 기본적으로는 도감과 그림책이 중심이다. 도감만 따로 구분해 놓지는 않는다. 다른 그림책과 함께 책장에 꽂아 두고 아이 스스로 책을 고르도록 한다. 아이가 들고 오는 책 중에는 가끔 아내의 책장에 있던 시집이 섞여 있기도 하다.

아들이 어떤 책을 골라 와도 신경 쓰지 않고 모두 읽어 준다. 똑같은 책을 몇 번이나 되풀이해서 읽은 적도 있다. 아이가 흥미 있어 한다면 어떤 책이든 모두 좋다.

그렇게 밤마다 아이에게 책을 읽어 주던 어느 날이었다. 세 살 무렵이었는데 가끔 읽어주던 어른들 시를 아이가 통째로 외우는 것이 아닌가! 단어의 뜻도 제대로 알지 못하면서 말이다.

지금 물어보면 아마 그런 시를 외웠다는 사실조차 기억하지 못할 것이다. 하지만 그때 느꼈던 아이의 엄청난 잠재력과 가능성을 아직도 선명하게 기억하고 있다.

책 읽어 주기를 계속하면서 느끼는 점이지만 따로 가르치지 않아도 아이는 문장의 구성이나 형용사나 부사, 동사 같은 품사의 쓰임을 조금씩 깨달아 가는 듯하다.

아이가 책에 나온 문장을 외울 때 보면 기억나지 않는 부분은 자신이 아는 다른 단어로 바꾸어 말하기 때문이다.

예를 들어 '빨간' 꽃을 '파란' 꽃으로 바꾸거나 '많이 먹었다'를 '크게 먹었다', '또 놀러와'를 '또 올게'라고 말하는 식이다. 단어의 기능을 정확히 알고 있는 것이다.

또 자연스럽게 비슷한 말과 반대말을 기억하고 추상적인 개념도 이해하게 되었다. 따로 문법을 가르치지 않아도 책 읽어 주기를 통해 초등학교 국어 수업에서 배우는 정도의 내용은 충분히 준비할 수 있다.

요즘은 세 권 정도 읽을 때까진 좀처럼 잠들지 않는 바람에, 나도 졸음을 필사적으로 참으며 아이가 들고 온 책을 읽어 준다. 매일 밤 같은 책이 반복되거나 '다음은 이거' 하며 열 권이나 되는 책을 쌓아 두는 경우도 있다.

매일 밤 책 읽어 주기가 쉽지는 않지만 아이가 골라오는 책을 통해 어떤 것에 흥미가 있는지 알 수 있었다. 가족이 함께 책에 대해 서로 감상을 나눌 수 있게 되었다. 그리고 잠들기 전 한때는 내게 아들의 성장을 매일 느낄 수 있는 소중한 시간이 되었다.

뇌가 지식을 흡수하는
공부법

🧠 우등생의 공부법

아이가 좀 더 자라 상급 학교로 진학하고 고학년이 되면 학교 시험이나 대학 입시 같은 벽을 마주하게 된다. 그럴 때 '잠잘 시간을 쪼개서라도 더 많이 공부해서 성적이 오르기를' 바라는 부모들이 많다.

하지만 지금까지 말했듯이 수면 부족은 뇌의 가장 큰 적이다. 아이의 성적 향상이나 시험 합격을 희망한다면 아이가 충분한 수면 시간을 확보할 수 있도록 노력하는 편이 훨씬 현명하다.

기억을 담당하는 해마에게 수면은 반드시 필요하다. 간단히 말하면 아무리 공부를 열심히 해도 잠들지 않으면 외울 수 없다.

학습한 내용은 자고 있는 사이에 뇌에 저장된다.

이것은 아이에게도 어른에게도 공통된 뇌 구조다.

밤을 새워 공부하는 것은 비효율적이다. 애써 공부해도 기억에 남지 않고 차츰 잊어 버리기 때문이다.

효율성 120퍼센트 복습법

그렇다면 뇌의 입장에서 '효율적인 공부법'을 구체적으로 살펴보자.

뇌가 어떻게 기억을 정착시키는지 그 구조를 이해하면 자연스럽게 알 수 있다.

앞서 말했듯 학습한 내용은 잠든 사이 뇌에 저장된다. 하지만 여기 한 가지 주의점이 있다.

암기 과목을 열심히 공부해도 그 다음에 다른 일을 하면 외운 내용을 금방 잊어 버린다는 점이다.

예를 들어 저녁 식사 뒤, 영어 단어를 열심히 외우고 텔레비전을 보다가 잠들었다고 하자.

그러면 뇌 속에서는 영어 단어와 텔레비전 내용이 뒤죽박죽 섞여서 뇌에 제대로 저장되지 못한다.

이것이 바로 '잊어 버리는 원인'이다.

결국 공부한 만큼 효율성 있게 기억하려면 **암기하고 그대로 자는 수밖에 없다.** 텔레비전을 꼭 봐야겠다면 시청한 뒤 암기 과목을 한 번 더 복습하고 잔다. 그것이 오랫동안 기억하는 비결이다.

여러 과목을 한꺼번에 공부할 때는 암기가 필요한 과목을 맨 나중에 하자.

밤 8시부터 11시까지 공부한다면 처음에는 수학처럼 논리적 사고력이 필요한 과목부터 시작한다. 공부하다가 졸리면 그때 암기 과목으로 바꾼다. 영어 단어나 역사 연대, 고전 문법의 규칙 등을 외우는 것이다.

그리고 나서 공부가 끝나면 그대로 잠들면 된다.

뇌의 기능적인 측면에서는 이 방법이 가장 효과적인 학습법이다.

같은 시간, 같은 내용을 공부해도 기억이 저장되는 방법이 달라지기 때문이다.

🔴 성적 향상의 키워드

암기 과목을 공부한 후 텔레비전을 보면 좋지 않은 이유가 기억의 교란 때문만은 아니다.

텔레비전, 스마트폰, 컴퓨터 화면이 내뿜는 강렬한 빛은 멜라닌이라는 수면을 촉진하는 호르몬 분비를 억제한다.

따라서 텔레비전 시청이나 게임은 가능한 취침 2시간 전까지는 끝내는 습관을 들여야 한다.

특히 자기 전 방으로 스마트폰을 가지고 들어가지 못하게 하자. 그렇지 않으면 아이는 침대 속에서 계속 스마트폰을 만지작거릴 것이다. 작은 분쟁이 생길 수도 있지만 아이가 깊은 수면을 취할 수 있도록 하기 위해 반드시 필요한 일이다.

수면은 해마를 튼튼하게 자라게 하고 학습의 효율성을 올려 준다. 뇌의 능력을 키운다는 관점에서도 아이의 수면 시간을 더욱 소중히 관리해야 한다.

아이의 아침 식사, 빵 vs 밥

🍙 아침밥만 바꾸어도 IQ가 올라간다?

아침 식단을 바꾸면 IQ(지능 지수)를 올릴 수 있다.

실제 연구에서는 아침 식사를 밥으로 먹는 아이들은 과자빵(설탕이 많이 들어간 반죽으로 만든 빵)을 먹는 아이들과 비교했을 때 IQ, 특히 언어적 IQ로 불리는 이해력과 기억력에 관한 지능 지수가 더 높게 나왔다.

무엇이 이런 차이를 가져오는 것일까?
그것은 에너지 공급과 관련이 있다.

급속도로 발달하는 아이의 뇌는 어른에 비해 두 배의 에너지원, 즉 두 배의 포도당을 필요로 한다. 그리고 뇌는 에너지를 저장할 수 없기 때문에 혈액에서 지속적으로 에너지를 공급받아야 한다.
아이의 아침밥은 뇌가 활동하기에 충분한 에너지를 제대로 공급할 수 있어야 하는 것이다.
이상적인 아침식사를 준비할 때 주의해야 할 점은 아래와 같다.

- 뇌에 에너지를 공급하기 위해 아침 식사를 꼭 챙긴다.
- 과자빵보다 밥이 낫다.
- 주식은 가능한 한 백색보다는 갈색으로 준비한다.

이 세 가지 항목을 지킨다면 아이의 뇌에 양질의 에너지를 효과적으로 공급할 수 있다.
각 항목에 대해 좀 더 구체적으로 살펴보자.

🔴 아침밥은 절대 거르면 안 된다

'뇌가 필요로 하는 에너지를 제때 충분히 공급한다.' 이것은 아이의 뇌 성장에 필수적인 요소다.

그런데 기본적인 에너지원이 되는 아침밥을 먹지 않는다면 어떻게 될까? 결과는 말하지 않아도 뻔하다.

영국 카디프 대학교에서 '아침밥을 챙겨 먹는 아이'와 '아침밥을 거르는 아이'의 성적을 비교한 결과, 아침밥을 챙겨 먹는 아이가 평균 이상의 성적을 거두는 경우가 먹지 않는 아이보다 두 배나 많았다.

뇌와 에너지의 관계를 생각하면 충분히 납득할 수 있는 결과다.

🔴 뇌가 좋아하는 아침 메뉴

건강 프로그램 등에서 GI(글리세믹 인덱스, 혈당 지수)라는 용어를 들어본 적이 있을 것이다.

GI는 당뇨병 치료와 관련되어 주목받는 수치로, 혈당치가 상승하는 방식을 나타낸다.

음식을 섭취하면 혈액 속 포도당의 양, 즉 혈당 수치가 증가하다가 일정 시간이 지나면 다시 감소한다. 먹는 음식에 따라 혈당치의 상승과 저하 양상이 달라지고, 그 차이를 수치화한 것이 바로 GI다.

포도당, 즉 설탕을 직접 먹었을 때 혈당이 오르는 수치를 100으로 기준을 잡는다. 그 정도가 급격할수록 GI는 높고, 완만할수록 GI는 낮게 표시된다.

GI가 100에 가까울수록 GI 수치가 높다고 한다. GI가 높은 식품을 먹으면 혈당치가 갑자기 상승했다가 다시 금방 떨어진다. 혈액 속으로 포도당이 한꺼번에 밀려들어왔다가 단숨에 없어지기 때문이다. 탄수화물이 많이 함유된 식품군이 특히 GI가 높다.

한편 GI가 낮은 식품은 혈당치가 완만하게 올라가면서 일정하게 유지된다.

그런 식품을 섭취하면 혈액 중에 포도당이 천천히 스며들었다가 다시 완만한 추세로 감소한다. 단백질과 지방이 많이 함유된 식품이나 채소류가 대개 GI가 낮은 식품이다.

아이의 뇌는 늘 에너지를 필요로 하므로 한꺼번에 다량의 포도당을 공급받는 것보다 장시간에 걸쳐 안정적으로 포도당을 얻는 편이 좋다. 따라서 GI 지수가 낮은 식품이 뇌 성장에는 더 좋다.

달콤해서 아이들이 좋아하는 과자빵은 특히 GI가 높은 식품이다.

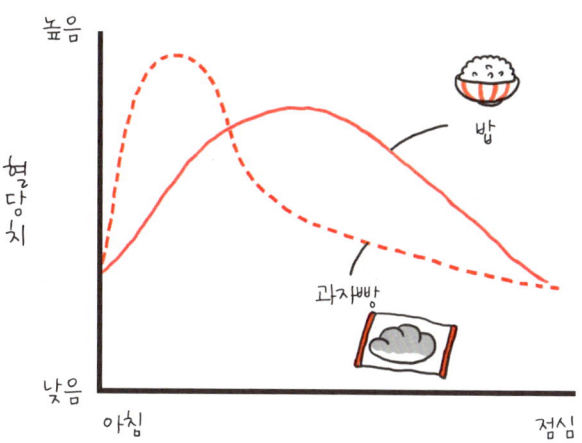

아침 식사 메뉴에 따라 혈당치가 올라가는 경향이 바뀐다

따라서 아침 식사로는 적합하지 않다.

과자빵이 아침 식사로 좋지 않은 이유는 또 하나 있다. 밥과 달리 다양한 반찬을 섭취하기 어렵기 때문이다.

밥이나 식빵을 주식으로 하면 국이나 달걀 요리, 고기, 생선 같은 단백질과 지방질을 함께 섭취할 수 있다. 탄수화물을 단품으로 먹는 것보다 GI도 내려가기 때문에 자연스럽게 영양 균형을 맞출 수 있다.

아이의 뇌 성장에 도움을 주려면 균형 잡힌 아침 식사를 할 수 있도록 신경 써야 한다.

바쁜 아침 시간이지만 맨밥이 아니라 계란밥을, 토스트 말고 치즈 토스트를 만들어 먹이려고 애쓰자. 사소하지만 매일매일의 정성이 훗날 아이의 뇌에 큰 차이를 만들어 줄 것이다.

🍖 가장 간단한 저 GI 식품 구별법

GI 지수가 더 낮은 식품을 선택할 때 포인트는 조금 더 갈색 식품을 주식으로 고르는 일이다.

밥이라면 백미보다는 현미가 좋다. 빵은 흰 식빵이 아니라 밀을 통째로 빻은 전립분(全粒粉)으로 만든 빵이나 호밀빵을 권장한다. 정백미나 식빵처럼 정제된 '백색 식품'은 과자빵만큼은 아니지만 GI가 높기 때문이다.

반면 현미나 잡곡, 전립분 빵이나 호밀빵처럼 '갈색 식품'의 GI는 백색 식품에 비해 절반이나 3분의 2정도 더 낮다. 식감은 아무래도 떨어지지만 습관이 되면 더 고소하게 느껴지니 건강을 생각해서 꼭 바꾸어 보기 바란다.

하지만 역시 아이들은 부드럽고 달콤한 백색 식품을 좋아한다. 그럴 때는 좋아하지도 않는데 무리하게 주식을 바꿀 필요는 없다. 다양한 반찬을 곁들여서 영양적으로 균형을 맞출 수 있도록 하자.

식습관은 하루아침에 고치기 어렵다. 우선은 '아침 거르기만큼은 피하고' '과자빵만으로 아침을 때우지 않는다'는 두 가지 원칙을 지키는 일부터 출발하자.

'밥이냐 빵이냐' 둘을 비교한다면 양쪽 GI는 사실 큰 차이가 나지 않는다. 좋아하는 쪽을 먹으면 충분하다.

운동도 잘하고 공부도 잘하는 아이

🔴 운동하면 똑똑해지는 이유?

"달리기 선수인 ○○는 성적도 좋대."
"○○는 체조 연습하느라 학원도 안 다니는데 늘 상위권이야."

'운동만 하는 아이는 머리가 좋지 않다.'는 건 이미 옛날 말이다. 이제는 '운동을 잘하는 아이는 머리도 좋다.'가 일반적인 인식이다.

왜냐하면 운동과 뇌는 서로 밀접하게 관련되어 있기 때문이다.

여기서는 뇌의 두 가지 특성, '가소성'과 '범화'를 이해해야 한다.

● '스스로 성장하는 뇌의 힘'을 기르자

가소성이란 '스스로를 변화, 성장시키는 능력'이다. 뇌는 스스로 쑥쑥 성장하는 힘이 있다.

운동을 열심히 하면 그와 관련된 뇌 속의 네트워크가 발달한다. 그러면 뇌는 더 성장하기 쉬운 상태로 정비된다. **운동을 하면서 뇌도 함께 단련되는 것이다.**

운동을 잘하는 아이가 머리도 좋은 또 다른 이유는 뇌의 '범화' 때문이다. 뇌에는 어떤 한 가지 일을 하면 전체의 능력이 향상되고 그 행동과 직접 관련이 없는 부분까지 성장하는 특성이 있다. 이러한 범화로 인해 뇌 전체의 수행 능력이 향상된다.

그렇다고 운동 전후에 계산이 빨라지거나 단어 암기가 더 잘 되는 것은 아니다.

운동을 잘하는 아이와 운동을 전혀 하지 않는 아이가 같은 시간만큼 공부를 했을 때 전자가 더 성장할 가능성이 높다는 말이다.

여름방학 때까지 농구에 빠져 있던 고3 아이가 그 후 열심히 공부해서 원하는 대학에 합격했다는 이야기가 종종 들리는데 그 배경에는 뇌의 범화라는 특성이 있다.

최근에는 유명 중학교 입시를 위해 운동을 그만두게 하는 학원도 있다고 한다. 아무리 입시 준비를 위해서라고 하지만 초등학생 아이에게 운동할 기회를 빼앗는 것은 뇌의 성장에도 좋지 않은 영향을 미친다.

지나친 운동으로 발생하는 문제는 공부할 시간이 줄어드는 것뿐이다.

입시 준비에 방해가 된다면 운동하는 시간을 조정하면 된다.

운동은 뇌의 발달을 촉진할 뿐 아니라 스트레스를 해소할 수 있어 정신적인 면에서도 좋은 영향을 미친다. 함께 운동하는 아이들과 교류하면서 친구도 많이 사귈 수 있다. 입시 준비를 한다고 운동을 그만둘 이유는 전혀 없다.

🍙 잘하는 아이와 못하는 아이를 나누는 '요령'

뛰어난 사람은 무엇이든 잘한다는 것을 실감할 때가 있다.

예를 들어 대기업 경영자들은 잘하는 운동이 하나씩은 꼭 있다. 머리가 좋은 사람은 요리도 잘한다는 이야기도 자주 듣는다.

그 이유는 '일의 요령'을 파악하고 있기 때문이다.

어떤 일이든 어떻게 하면 더 빨리 끝낼 수 있을까, 더 잘할 수 있을까를 고민하면서 진행하므로 보통 사람들과 차이가 난다. 근성이나 끈기가 아니라 요령을 터득한 것이다.

운동을 하면 체력을 단련할 수 있고 운동하면서 배운 내용은 공부할 때 활용할 수 있다. 반대로 공부하면서 배운 것을 운동에 활용할 수도 있다.

입시 공부를 하려면 운동은 그만두어야 한다고 안이하게 생각하지 말고 함께할 수 있는 방법을 찾아보자.

게임과 스마트폰을
그만두게 하는 법

🔴 게임은 성장의 통과의례?

"우리 애는 게임을 너무 좋아해서 큰일이에요. 저대로 그냥 둬도 될까요?"

아이들의 생활 습관과 관련해서 가장 많이 듣는 고민이다.

특히 아들을 둔 부모에게 게임은 그야말로 고민의 근원이다. 초등학교 남학생들은 게임을 주제로 친구들과 대화하는 특성이 있기 때문에 무작정 그만두게 할 수도 없는 노릇이다.

개인적으로 게임은 뇌의 성장과 호기심, 두뇌 발달과는 거리가 멀다고 생각한다.

게임으로는 아이의 관심이 확장되기 어렵다. 하면 할수록 다른 게임을 더 하고 싶어질 뿐이다. 게임은 중독성이 강하다.

나도 어릴 적 텔레비전 게임에 열중한 적이 있다. 하루 종일 꼼짝 않고 게임만 하기도 했다. 아이들이 게임에 빠져드는 기분을 충분히 이해한다.

내가 게임에 푹 빠져 있을 때 우리 부모님은 어떻게 했을까? 돌이켜보면 그만두라고 말하신 적은 한 번도 없다. 그저 아무것도 하지 않으셨다.

그러다 어느 날 문득 '이대로 게임만 계속해봐야 소용 없다.'는 생각이 들었고 그대로 게임을 그만두었다.

내가 특별히 현명하거나 의지가 강해서 게임을 그만둘 수 있었다고는 생각하지 않는다. 그저 게임보다 곤충이 더 재미있다고 느꼈기 때문이다.

아이가 게임을 그만두고 뇌 성장에 도움이 되는 다른 대상에 흥미를 가지도록 이끄는 것도 부모가 해야 할 일 중 하나다.

하지만 강제로 금지하면 역효과가 생긴다.

'보지 마!'라고 하면 더 보고 싶어지듯 '안돼!'라고 하면 더 하고 싶어진다. 멀리하면 멀리할수록 더 하고 싶어지는 법이다.

🔴 끈질긴 '게임병' 격퇴법

게임에 빠졌다가 다시 원래의 '좋아하는 것'으로 돌아오려면 아이가 세상에는 게임보다 재미있는 것이 많다는 사실을 깨닫게 도와주는 수밖에 없다.

'어디를 데려가도 게임만 한다.'고 체념하지 말고 함께 운동을 하거나 가까운 곳으로 여행을 다니며 아이가 다양한 것을 보고 느낄 수 있도록 하자. 아이의 게임 사랑에 좌절하지 말고 아이가 흥미를 느낄 만한 대상을 꾸준히 시도해 보자. 바깥세상에는 게임보다 훨씬 재미난 것이 많다는 사실을 포기하지 말고 보여 주자.

물론 아이는 어디를 가든 부모의 애타는 심정 따위 아랑곳하지 않고 게임에 열중할 것이다.

하고 싶어 하면 그대로 두자.

하지만 게임 외에 다른 재미있는 대상을 계속해서 보여주려고 애써야 한다. 그렇게 하는 수밖에 없다.

이것은 야단치며 금지하는 것보다 훨씬 더 인내력이 필요한 방법이다.

모처럼 가족끼리 여행을 떠났는데 아이가 게임만 하고 있다면, 시험이 내일 모레인데 공부도 안 하고 게임만 하고 있으면 나도 모르게 화가 나서 소리를 지르게 된다.

야단을 치고 화를 내면 아이와의 관계가 잠시 동안은 서먹할지도 모른다. 아이의 성적이 떨어질 수도 있다. 하지만 모두 겪어야 하는 어쩔 수 없는 과정이다.

게임에 빠져 있으면 성적이 떨어지고 수업시간에 졸다가 선생님께 야단을 맞거나, 부모와의 관계가 서먹해진다.

게임이 불러오는 나쁜 결과를 아이가 직접 느끼고 깨달을 때까지 마음을 다잡자.

그렇게 생각하면 게임도, 게임에 수반되는 악영향도 아이에게는 필요한 배움이다.

부모가 흔들리지 않고 일관된 자세를 관철하는 것이 게임뿐만 아니라 아이가 '하지 않는 편이 좋은 일을 그만두게 만들기' 위한 가장 빠른 지름길이다.

아이를 빛나게 하는
부모의 한마디

🟥 칭찬은 뇌도 춤추게 한다

생활 습관의 마지막 요령은 칭찬이다.

부모가 건네는 칭찬 한 마디가 아이의 자신감에 긍정적인 영향을 미친다는 사실은 잘 알려져 있다.

뇌 발달 측면에서도 칭찬은 상당히 중요하다.

칭찬을 받으면 뇌의 특정 영역이 반응한다. 청각을 담당하는 측두엽과 언어 이해와 관련된 두정엽, 그리고 감정을 관리하는 전두엽에 조금씩 변화가 생긴다.

최근 연구에서는 칭찬하기를 습관으로 하면 뇌의 형태에까지 변화가 생길 가능성도 대두되고 있다.

나도 아들에게 종종 농담반 진담반으로 '천재다!' 하고 감탄한다.

물론 아이에게 좋으라고 지어낸 말이 아니다. 함께 시간을 보내다 보면 '언제 이런 걸 외웠을까?' '그 조그만 머리로 이런 생각까지 한 거야?' 하고 놀랄 때가 많다. 그럴 때마다 자연스럽게 나오는 감탄사다.

호기심을 가지고 자라는 아이는 부모가 놀랄 정도로 성장해간다.

그럴 때 솔직한 심정을 전달하는 마음으로 '대단하다!'며 칭찬하면 좋다.

🔴 해마를 위축시키는 스트레스

아이를 야단치거나 혼낼 때는 좀 더 신중하게 행동해야 한다.

아이가 지속적으로 스트레스에 노출되면 뇌 속의 해마가 위축되기 때문이다.

기억을 관장하는 부위인 해마는 아이의 성장 과정에서 상당히 중요한 역할을 한다.

그런데 스트레스를 받으면 관련 호르몬이 분비되어 해마의 신경 세포가 새롭게 생성되는 것을 억제한다.

늘 화내고 야단치는 부모 곁에서 자라는 아이는 만성적인 스트레스에 시달린다.

체벌과 무시, 지나친 부부 싸움, 갑작스런 이혼, 가족과의 사별처럼 마음에 큰 상처가 되는 사건이 생겼을 때는 특별히 더 아이의 심리 상태를 잘 살펴야 한다.

이렇게 트라우마가 된 사건은 해마뿐 아니라 대상회(帶狀回)라는 생각과 감정을 조절하는 영역까지 위축시킨다는 사실이 밝혀졌다.

물론 아이가 잘못된 행동을 하면 부모는 이를 바로잡아야 한다.

하지만 훈육이 지나치면 뇌에 좋지 않다는 사실을 기억하자. 아이에게 화내며 야단치기 전에 흥분을 가라앉힐 이유가 될 것이다.

🔴 올바른 생활 습관으로 현명한 아이 키우기

지금까지 아이의 뇌를 현명하게 키우는 습관들을 소개했다.

부모가 아무리 애써도 이 습관들을 정착시키지 못할 수 있다. 혹은 의욕만 앞서서 아이에게 스트레스나 충격을 줄 수도 있다.

만일 아이의 성장에 나쁜 영향을 미치는 일이 생겼다고 해도 좌절하거나 포기하기에는 이르다.

설령 해마가 일시적으로 위축되어도 이후 제대로 수면을 취하고 운동을 하며 다양한 경험을 쌓는다면 아이의 뇌는 다시 건강하게 성장할 수 있다.

아이의 '똑똑하고 현명한 뇌'를 완성하는 원천인 뇌 속 네트워크는 호기심으로 인해 풍부하게 성장해 간다.

지금까지 살펴본 것처럼 일상생활에서 아이의 뇌를 성장시킬 수 있는 기회는 많다.

가능한 일부터 실천해서 여러분의 자녀를 더욱 강하고 현명한 뇌를 가진 아이로 키울 수 있기를 바란다.

마치며
부모도 아이도 행복해지는 육아법

나의 전문 연구 분야는 '치매'다.

치매에 걸리지 않으려면 어떻게 해야 하는지, 16만 명이 넘는 뇌 영상을 분석하면서 고민했다. 치매를 연구하는 과정에서 이 책의 주제인 '아이의 호기심'이 얼마나 중요한지 발견한 것이다.

치매는 예방할 수 있는 질병이다. 현재 치매에 대한 예방 효과가 의학적으로 검증된 행위는 다음 세 가지 요소뿐이다. ①운동 ②커뮤니케이션(타인과의 교류) ③취미와 호기심.

이 세 가지 요소는 나이가 든 이후에는 단기간에 실천하기 어렵다. 결국 어릴 때 어떻게 성장했는지, 어떤 생활 습관을 가지고 살아왔는지가 큰 영향을 미친다.

특히 주목할 것은 취미와 호기심이다.

치매를 예방하는 요소 세 가지

① 운동

치매에 걸릴 위험을 낮출 수 있는 가장 중요한 요소
하루 30분 정도의 산책, 유산소 운동이 효과적

② 커뮤니케이션(타인과의 교류)

사람들과 만날 기회가 많을수록 치매의 위험이 낮아짐
특히 정년 퇴직까지 일만 해온 사람일수록 퇴직 후 가족이나 사회 구성원들과 교류하는 것이 중요

③ 취미와 호기심

취미가 다양하고 호기심이 많은 사람일수록 치매에 걸릴 위험성이 낮음

호기심에는 인생을 바꾸는 힘이 있다.

이 사실을 깨달은 것은 치매에 대한 연구를 시작한 지 7년 째 되던 해였다.

몇 살이 되어도 뇌가 젊고 활기찬 사람들이 있다. 그 호기심의 원천이 어디인지 파고든 결과 결국 그들의 '어린 시절'에서 원인을 찾을 수 있었다.

성인이 되었다고 호기심을 가질 수 없는 것은 아니다.

하지만 나이가 들어도 늘 활기차게 일하고 취미 활동을 즐기며 자원봉사에 열심인 사람은 대개 어릴 때부터 호기심이 많았던 분들이다.

어른이 되어서 피아노를 새로 배우기는 쉽지 않다. 하지만 어릴 때 잠깐이라도 배운 적이 있다면 힘들이지 않고 다시 시작할 수 있다.

이렇게 어릴 적 경험한 활동이 많으면 함께 할 친구도 많아 더 즐겁고 활기찬 인생을 살아갈 수 있다.

나아가 치매와 뇌의 노화까지 예방해 주니 이보다 더 좋은 선물은 없을 것이다.

어릴 적 부모가 키워준 호기심이 아이의 노후까지 지켜준다.
이러한 사실이 최신 뇌 의학 연구를 통해 밝혀지고 있다.

🧠 성장하는 아이, 성장하는 부모

지금까지 살펴본 대로 호기심을 키우는 일은 그렇게 어렵지 않지만 역시 부모의 노력은 필요하다.

아이를 주의 깊게 관찰해서 무엇에 흥미가 있는지 그 씨앗을 찾아 주어야 한다.

휴일이면 동물원이나 박물관, 야외로 나가 함께 다양한 활동과 체험을 해야 한다.

부모가 먼저 도감을 읽고 악기를 연주하거나 운동을 해야 할지도 모른다. 아이가 무언가를 배우기 시작했다면 물심양면으로 아이를 지원해야 한다.

아이를 사랑하는 마음은 어느 부모든 마찬가지다.

그러나 바쁜 일상에 치여 막상 아이에게 좋다는 일을 실천에 옮기기는 쉽지 않다.

하지만 여러분이 애쓰고 노력한 만큼 아이의 뇌는 좋은 방향으로 무럭무럭 자란다.

사춘기가 될 무렵까지 이어지는 이 속도감 있는 성장은 긴 인생을 돌아보면 정말 길지 않은 기간이다. 결국 부모의 노력으로 아이의 미래를 바꿀 수 있는 것도, 바로 이 짧은 한때뿐이다.

그렇게 생각하면 조금이라도 더 아이의 호기심을 키워주려는 노력을 할 수 있지 않을까?

바뀌는 것은 아이의 뇌만이 아니다. 속도는 늦지만 여러분의 뇌도 변화한다. 아이의 호기심을 키우려 노력하는 과정에서 부모의 뇌도 성장하는 것이다. 그 결과 치매의 위험을 줄이고 인생을 즐길 수 있게 된다.

또한 부모와 자녀가 공통의 취미를 가지고 가족이 하나가 되어 다 함께 즐길 수 있는 시간도 늘어난다.

아이도 어른도 호기심을 가지면 언제까지나 건강하고 행복하게 살아갈 수 있다.

매일매일 더 즐겁게 살아갈 수 있다.

뇌는 우리에게 그 사실을 알려 주고 있다.

다키 야스유키

뇌과학자 아빠의 기막힌 넛지육아

초판 1쇄 발행 | 2018년 7월 10일
초판 3쇄 발행 | 2021년 9월 10일

지은이 | 다키 야스유키
옮긴이 | 박선영
펴낸곳 | 레드스톤(주식회사 눈코입)

주소 | 경기도 고양시 일산동구 호수로 672 대우메종리브르 611호
전화 | 070-7569-1490
팩스 | 02-6455-0285
이메일 | redstonekorea@gmail.com

ISBN 979-11-88077-13-7 13370

· 값은 뒤표지에 있습니다.
· 파본은 구입하신 서점에서 교환해드립니다.